国家"双一流"建设学
辽宁大学应用经济学系列丛
══ 青年学者系列 ══
总主编◎林木西

中国财政分权的区域创新激励效应研究

A Research on the Incentive Effect of
Chinese Fiscal Decentralization on Regional Innovation

邱国庆 著

中国财经出版传媒集团
经济科学出版社
Economic Science Press

图书在版编目（CIP）数据

中国财政分权的区域创新激励效应研究/邱国庆著
. -- 北京：经济科学出版社，2021.12
（辽宁大学应用经济学系列丛书. 青年学者系列）
ISBN 978 - 7 - 5218 - 3177 - 1

Ⅰ. ①中… Ⅱ. ①邱… Ⅲ. ①财政分散制 - 研究 - 中国 Ⅳ. ①F812. 2

中国版本图书馆 CIP 数据核字（2021）第 250678 号

责任编辑：于 源 冯 蓉
责任校对：王肖楠
责任印制：范 艳

中国财政分权的区域创新激励效应研究
邱国庆 著
经济科学出版社出版、发行 新华书店经销
社址：北京市海淀区阜成路甲 28 号 邮编：100142
总编部电话：010 - 88191217 发行部电话：010 - 88191522
网址：www. esp. com. cn
电子邮箱：esp@ esp. com. cn
天猫网店：经济科学出版社旗舰店
网址：http：//jjkxcbs. tmall. com
北京季蜂印刷有限公司印装
710 × 1000 16 开 14.75 印张 206000 字
2023 年 6 月第 1 版 2023 年 6 月第 1 次印刷
ISBN 978 - 7 - 5218 - 3177 - 1 定价：62.00 元
（图书出现印装问题，本社负责调换。电话：010 - 88191545）
（版权所有 侵权必究 打击盗版 举报热线：010 - 88191661
QQ：2242791300 营销中心电话：010 - 88191537
电子邮箱：dbts@ esp. com. cn）

总　序

　　本丛书为国家"双一流"建设学科"辽宁大学应用经济学"系列丛书，也是我主编的第三套系列丛书。前两套系列丛书出版后，总体看效果还可以：第一套是《国民经济学系列丛书》（2005 年至今已出版 13 部），2011 年被列入"十二五"国家重点出版物出版规划项目；第二套是《东北老工业基地全面振兴系列丛书》（共 10 部），在列入"十二五"国家重点出版物出版规划项目的同时，还被确定为 2011 年"十二五"国家重点出版规划 400 种精品项目（社会科学与人文科学 155 种），围绕这两套系列丛书取得了一系列成果，获得了一些奖项。

　　主编系列丛书从某种意义上说是"打造概念"。比如说第一套系列丛书也是全国第一套国民经济学系列丛书，主要为辽宁大学国民经济学国家重点学科"树立形象"；第二套则是在辽宁大学连续主持国家社会科学基金"八五"至"十一五"重大（点）项目，围绕东北（辽宁）老工业基地调整改造及全面振兴进行系统研究和滚动研究的基础上持续进行探索的结果，为促进我校区域经济学学科建设、服务地方经济社会发展做出贡献。在这一过程中，既出成果也带队伍、建平台、组团队，使得我校应用经济学学科建设不断跃上新台阶。

　　主编这套系列丛书旨在使辽宁大学应用经济学学科建设有一个更大的发展。辽宁大学应用经济学学科的历史说长不长、说短不短。早在 1958 年建校伊始，便设立了经济系、财税系、计统系等 9 个系，其中经济系由原东北财经学院的工业经济、农业经济、贸易经济三系合成，财税系和计统系即原东北财经学院的财信系、计统系。1959 年院系调整，将经济系留在沈阳的辽宁大学，将财税系、计统系迁到大连组建辽宁财经学院（即现东北财经大学前身），将工业经济、农业经济、贸易经济三个专业的学生培养到毕业为止。由此形成了辽宁大学重点发展理论经济学（主要是政治经济学）、辽宁财经学院重点发展应用经济学的大体格局。实际上，后来辽宁大学也发展了应用经济学，东北财经大学也发展了理论经济学，发展得都不错。1978 年，辽宁大学恢复招收工业经济本科生，1980 年受中国人民银行总行委托、经教育部批准开始招收国际金融本科生，1984 年辽宁大学在全国第一批成立了经济管理学院，增设计划统计、会计、保险、投资经济、国际贸易等本科专业。到 20 世纪 90 年代中期，辽宁大学已有外国经济思想史（后改为西方经济学）、国民经济计划与管理、企业管理、世界经济、金融学 5 个二级学科博士点，当时在全国同类院校似不多见。1998 年，建立国家重点教学基地"辽宁大学国家经济学基础人才培养基地"。2000 年，获批建设第二批教育部人文社会科学重点研究基地"辽宁大学比较经济体制研究中心"（2010 年经教育部社会科学司批准更名为"转型国家经济政治研究中心"）；同年，在理论经济学一级学科博士点评审中名列全国第一。2003 年，在应用经济学一级学科博士点评审中并列全国第一。2010 年，新增金融、应用统计、税务、国际商务、保险等全国首批应用经济学类专业学位硕士点；2011 年，获全国第一批统计学一级学科博士点，从而实现经济学、统计学一级学科博士点"大满贯"。

在二级学科重点学科建设方面，1984 年，外国经济思想史（即后来的西方经济学）和政治经济学被评为省级重点学科；1995 年，西方经济学被评为省级重点学科，国民经济管理被确定为省级重点扶持学科；1997 年，西方经济学、国际经济学、国民经济管理被评为省级重点学科和重点扶持学科；2002 年、2007 年国民经济学、世界经济连续两届被评为国家重点学科；2007 年，金融学被评为国家重点学科。

在应用经济学一级学科重点学科建设方面，2017 年 9 月被教育部、财政部、国家发展和改革委员会确定为国家"双一流"建设学科，成为东北地区唯一一个经济学科国家"双一流"建设学科。这是我校继

1997 年成为"211"工程重点建设高校 20 年之后学科建设的又一次重大跨越，也是辽宁大学经济学科三代人共同努力的结果。2022 年 2 月继续入选第二轮国家"双一流"建设学科。此前，2008 年被评为第一批一级学科省级重点学科，2009 年被确定为辽宁省"提升高等学校核心竞争力特色学科建设工程"高水平重点学科，2014 年被确定为辽宁省一流特色学科第一层次学科，2016 年被辽宁省人民政府确定为省一流学科。

在"211"工程建设方面，"九五"立项的重点学科建设项目是"国民经济学与城市发展"和"世界经济与金融"，"十五"立项的重点学科建设项目是"辽宁城市经济"，"211"工程三期立项的重点学科建设项目是"东北老工业基地全面振兴"和"金融可持续协调发展理论与政策"，基本上是围绕国家重点学科和省级重点学科展开的。

经过多年的积淀与发展，辽宁大学应用经济学、理论经济学、统计学"三箭齐发"，国民经济学、世界经济、金融学国家重点学科"率先突破"，由"万人计划"领军人才、长江学者特聘教授领衔，中青年学术骨干梯次跟进，形成了一大批高水平学术成果，培养出一批又一批优秀人才，多次获得国家级教学和科研奖励，在服务东北老工业基地全面振兴等方面做出了积极贡献。

编写这套《辽宁大学应用经济学系列丛书》主要有三个目的：

一是促进应用经济学一流学科全面发展。以往辽宁大学应用经济学主要依托国民经济学和金融学国家重点学科和省级重点学科进行建设，取得了重要进展。这个"特色发展"的总体思路无疑是正确的。进入"十三五"时期，根据"双一流"建设需要，本学科确定了"区域经济学、产业经济学与东北振兴""世界经济、国际贸易学与东北亚合作""国民经济学与地方政府创新""金融学、财政学与区域发展""政治经济学与理论创新"五个学科方向。"十四五"时期，又进一步凝练为"中国国民经济学理论体系构建""区域经济高质量发展与东北振兴""国际贸易理论与东北亚经济合作"三个领域方向。因此，本套丛书旨在为实现这一目标提供更大的平台支持。

二是加快培养中青年骨干教师苗壮成长。目前，本学科已形成包括长江学者特聘教授，国家高层次人才特殊支持计划领军人才，全国先进工作者，"万人计划"教学名师，"万人计划"哲学社会科学领军人才，国务院学位委员会学科评议组成员，全国专业学位研究生教育指导委员会委员，文化名家暨"四个一批"人才，国家"百千万"人才工程入选者，国家级教学名师，全国模范教师，教育部新世纪优秀人才，教育部高等学校教学指导委员会主任委员、副主任委员、秘书长和委员，国家社会科学基金重大项目首席专家等在内的学科团队。本丛书设学术、青年学者、教材、智库四个子系列，重点出版中青年教师的学术著作，带动他们尽快脱颖而出，力争早日担纲学科建设。

三是在新时代东北全面振兴、全方位振兴中做出更大贡献。面对新形势、新任务、新考验，我们力争提供更多具有原创性的科研成果、具有较大影响的教学改革成果、具有更高决策咨询价值的智库成果。丛书的部分成果为中国智库索引来源智库"辽宁大学东北振兴研究中心"和省级重点新型智库研究成果，部分成果为国家社会科学基金项目、国家自然科学基金项目、教育部人文社会科学研究项目和其他省部级重点科研项目阶段研究成果，部分成果为财政部"十三五"规划教材，这些为东北振兴提供了有力的理论支撑和智力支持。

这套系列丛书的出版，得到了辽宁大学和中国财经出版传媒集团的大力支持。在丛书出版之际，谨向所有关心支持辽宁大学应用经济学建设与发展的各界朋友，向辛勤付出的学科团队成员表示衷心感谢！

林木西

2022 年 3 月

前　言

　　科技创新已经成为中国经济高质量快速发展的根本动力，尤其是在中国经济"新常态"背景之下，深入研究科技创新及其治理之策显得至关重要。党的十八大以来，国家高度重视科技创新工作。党的十八大报告明确提出，"科技创新是提高社会生产力和综合国力的战略支撑，必须摆在国家发展全局的核心位置"，强调要坚持走中国特色自主创新道路、实施创新驱动发展战略；党的十八届五中全会提出，"创新、协调、绿色、开放、共享"五大发展理念，创新成为"五大发展理念"之首；党的十九大报告提出，"创新是引领发展的第一动力，是建设现代化经济体系的战略支撑"；党的十九届五中全会提出，"制定科技强国行动纲要，健全社会主义市场经济条件下新型举国体制，打好关键核心技术攻坚战，提高创新链整体效能"；党的二十大报告提出，"必须坚持科技是第一生产力、人才是第一资源、创新是第一动力，深入实施科教兴国战略、人才强国战略、创新驱动发展战略"。可见，党中央将创新的重要性提高到前所未有的高度，加快实施创新驱动发展战略，实现高水平科技自立自强将成为未来中国经济社会发展的永恒主题。

　　世界知识产权组织（WIPO）发布的 2020 年全球创新指数报告显示，中国创新水平位居世界第 14 位，与 2019 年排名一致，较 2009 年前进了 29 位次，仍然位居中等收入经济体第 1 位。中国科技创新发展之路既是"中国奇迹"的重要见证，也是助力"中国奇迹"的重要动力源。2019 年我国科技进步贡献率达 59.5%，2020 年我国科技进步贡献率已经超过 60%，已经超额完成我国设定的科技进步贡献率为 60%

的创新型国家建设目标。随着世界经济与科技竞争的不断加剧，近年来中国更加重视科技创新在经济社会发展中的重要作用，在创新规模等方面已经达到甚至超越中等发达国家的水平。如2019年中国研发经费支出接近2.2万亿元，连续4年保持两位数增长，总量位居世界第2位，达到了世界领先水平；研发经费投入强度为2.98%，连续5年超2%，达到了中等发达国家水平；研发人员接近461万人，连续多年位列世界首位。从产出角度来看，2018年中国发明专利申请和授权规模同样位列世界首位，成为带动经济高质量发展的核心力量；2009年至2019年10月，中国累计发表国际论文260万余篇，论文累计被引2 845万余次，从发表总量和被引次数上看，均排名世界第2位。在创新生态系统建设方面，中国培育了诸如深圳—香港、北京等多个创新集群，其中18个创新集群进入2019年世界百强创新集群，而深圳—香港更是位列世界创新集群第2位，北京位列第4位，在创新集群建设方面，中国仅次于美国位居世界第2位。2020年是建设创新型国家的收官之年，在创新环境建设、研发投入与产出规模、科技进步贡献率以及科技创新影响力等方面取得了显著进展。综上所述，中国已成为名副其实的创新大国。

中国科技创新质量有待于提升与"高效市场"和"有为政府"密切相关，即区域创新水平提高不仅是高效市场资源配置的结果，也是有为地方政府干预的结果。事实上，由于具有周期长、投资大、回报风险高等特点，区域科技创新需要地方政府的支持，离不开财政税收激励。2019年国务院印发《科技领域中央与地方财政事权和支出责任划分改革方案》，明确了中央和地方间财政科技支出权责关系，同时也开启了科技创新领域的央地间分权治理模式。作为发挥国家重要职能的财政分权在提高区域创新水平时具有独特优势，能够在科技创新供需两端同时发挥重要作用。因此，本书在文献回顾的基础上，并且基于上述事实，将重点分析中国科技创新的财政体制根源，理顺区域创新激励效应的财税工具，促进区域创新质量提升具有重要意义。通过分析，得出形成以下主要观点：

第一，财政分权是区域创新激励效应的重要制度保障。作为发挥国家重要职能的财政分权在提高区域创新水平时具有独特优势，能够在科技创新供需两端同时发挥重要作用。区域创新水平提高不仅仅是市场资源配置的结果，也是地方政府干预的结果。地方政府推动区域创新活动效果取决于政治激励和经济分权之间的协调和平衡，澄清了政府运用财税政策支持悖论存在的根源，应当积极发挥政府在创新活动中的重要作用。推动区域创新水平提高，政府应当有所作为。

第二，财政政策是区域创新激励效应的重要调控手段。国家关于财政分权的制度安排能够通过影响地方政府的财政行为偏好来对区域创新水平产生重要影响。财政分权对地方财政行为构成约束和激励，然而增长型财政分权激励体制容易引致地方财政政策调控的扭曲。其中，财政科技投入、科技事权划分、地方税收和土地财政成为影响区域创新激励效应的关键所在。推动区域创新水平提高，财政政策调控应当有所规范。

第三，官员晋升是理解区域创新激励效应的关键视角。政府官员可能因创新绩效考核而具有"标尺竞争"的行为动机，政府参与区域创新效果在空间上存在策略性互动行为。邻近或周边地区创新水平出于"标尺竞争"而具有模仿激励，会以相邻或周边地区财政科技投入为标尺，展开"为创新而竞争"。推动区域创新水平提高，官员晋升激励应当有所转变。

基于已有研究中理论基础相对薄弱和零散以及未充分考虑财政分权激励机制和区域创新的中介效应和溢出效应，本书利用多个层面分析了中国财政分权的区域创新激励效应。具体而言，主要的理论研究结论如下：

第一，基于公共品、外部性理论分析，发现创新具有准公共品的属性，不同类型和阶段创新产品具有不同性质，且存在大量正或负外部溢出效应。

第二，基于多任务委托—代理理论，本书构建财政分权影响创新政策效果的理论模型，发现经济分权会抑制区域创新政策效果，但政治激励又会弱化经济分权的负面效应，区域创新效果取决于政治激励和经济分权之间的协调和平衡。若创新作为政府推动经济发展的重要经济行为，那么，财政分权激励机制会促进区域创新产出。

第三，财政分权是政府发挥作用的重要激励机制，地方财政行为波动是中国式分权治理的基本特征之一。本书认为，财政分权对地方政府行为的激励和约束，可以通过财政科技投入、创新领域事权划分、地方税收和土地财政等政策工具调控区域创新活动。

第四，基于政府间"标尺竞争"理论，本书建立财政分权影响创新的空间溢出效应理论模型，发现财政分权的影响导致了地区间创新具有"竞优"效应，辖区政府创新行为决策也会考虑邻近或周边地区创新水平，说明地方官员为了提高自身政治声望和争取最大晋升机会，政府间会以相邻或周边地区创新投入为标尺。

基于理论模型的研究，本书利用 2000~2017 年 30 个省级行政区的数据，运用探索性时间、空间数据对中国财政分权对区域创新进行现状考察，基于对理论模型的理性预期和财政分权、区域创新和政府财政行为的特征事实，本书接着进行了实证检验分析。运用固定或随机面板模型、门槛面板模型、中介效应面板模型和空间面板模型分别从全国和分地区两个层面进行了实证分析，实证过程中充分考虑了财政分权与区域创新的指标单一性、地区异质性、模型内生性问题、样本区间选择偏误和空间权重矩阵选取对实证结果的影响，得到了相对稳健的实证结果。

第一，财政分权能够显著促进区域创新水平提升，这一结论在考虑更换估计方法和变量衡量方式依然成立，但会因地区差异表现出异质性特征。进一步研究发现，财政分权与区域创新之间存在显著的单一门槛特征，意味着财政分权程度越高并不意味着越有利于区域创新效果的改善。

第二，财政分权激励机制能够改善区域创新效果关键在于地方政府加大财政科技支出、强化地方政府创新事权和支出责任，增强地方政府税收努力程度，以及增加地方政府土地财政收入，这一结论在考虑更换变量衡量方式依然成立。

第三，区域创新活动具有显著的空间溢出效应，其空间依赖程度不断加深，意味着区域创新活动在空间上趋于集聚，并非是完全随机的。

第四，财政分权对区域创新具有显著的正向空间溢出效应，本地区财政分权程度的提升对邻近地区创新水平具有正向效应，这一结论对于不同的研究方法和变量定义均稳健。

本书以财政分权的视角，探讨区域创新激励效应，探究政府参与区域创新活动的有效性问题。相比于以往研究，本书的学术创新点主要有三个。

第一，区域创新激励效应的分析思路与观点独到。以中国财政分权制度为切入点，基于"问题提出—对话理论—提出假说—验证假说"的逻辑思路，在现有研究缺陷审视的基础上，从单一经济因素扩展到制度因素甚至财政行为层面。将财政分权与区域创新激励效应纳入统一的理论框架，对话中国财政分权与区域创新激励效应的相关理论分析，运用省级层面的面板数据，验证中国财政分权与区域创新激励效应的相关研究假说，为促进区域创新水平提供了强有力的识别机制和现实支撑，深化了现有文献对政府参与创新活动的研究。

第二，丰富了区域创新激励效应的财政激励方式。本书系统总结了区域创新活动中的财政分权激励，并基于省级层面数据进行实证检验，丰富了创新系统中的财政激励行为研究。为此，聚焦财政激励行为的视角，通过考察财政分权对地方政府行为的激励，间接地揭示财政激励行为对区域创新水平的影响，并对此进行实证分析，发现财政科技支出、中央和地方科技领域事权划分、地方税收努力程度和土地财政收入成为政府干预区域创新活动的重要手段，但土地财政收入对区域创新激励存在"遮掩效应"，丰富了现有研究，为政府运用财税政策支持区域创新活动提供实践指导。

第三，拓展了区域创新激励效应的研究空间层级。本书将区域创新激励效应的理论和实证研究引入到省级空间层级，弥补了财政分权对区域创新激励的空间效应研究，丰富了相关研究主题。以往研究聚焦于财政分权与区域创新激励效应之间的关系，忽视了研究内容的空间层级。为此，基于空间的视角，从理论和实证两个层面，考察财政分权对区域创新激励的空间效应，发现财政分权激励机制是影响区域创新空间上产生"竞优"行为的重要因素，政府间会以相邻或周边地区创新水平为标尺展开"为创新而竞争"，丰富了现有研究，为政府进一步总结经验、提高财政支持区域创新水平提供了理论依据与实践指南。

目　录

第一章

绪　　论

第一节　研究背景

一、问题来源

　　创新一直是全球经济发展竞争的核心要素之一。回顾历史，美国、日本和英国等发达国家在其经济高速增长、快速工业化过程中都经历了技术创新的发展道路。纵观国外历史经验表明，技术进步对一国或地区经济增长的贡献是巨大的。然而，中国近40年来经济历经快速发展、高速增长、新常态以及高质量发展的阶段，也不可忽视技术创新对经济增长的巨大贡献，未来必须相信技术创新是经济社会发展的第一生产力。依据2018年全球创新指数（GII）显示，中国创新指数的国际排名从2017年的22位上升至2018年的17位，说明中国技术创新能力突出表现在全球性研发公司、进口高科技产品以及高校在读学生等数量方面都有大幅提高。从绝对数量上看，中国在研发投入、研发人员数量、专利授权及论文数量等方面已经位于世界前列。从全社会研发投入占比上看，2018 年中国整体研发投入规模已经提高到 2.12%，按照美元汇率换算，中国技术研发投入规模仅占美国的 50%[1]。尤其是"中兴通讯事件"以及其他领域的"卡脖子"现象已经引起了国家高度重视，侧面揭示了中国多个产业核心技术相对匮乏，进一步说明了中国技术创新与国际先进技术之间仍有一定差距，存在对国外技术严重依赖的现象（廖直东和姚凤民，2019）。可见，中国创新驱动发展仍然处于压力叠加、负重前行的关键时期，多领域、多阶段和多类型创新问题不断累积叠加，其创新水平亟须进一步提升，已经成为未来推动中国经济高质量发展的关键要素。

科技创新已经成为国家和社会公众关注的焦点问题，要求创新水平的提高以及创新型国家的建设是全社会共同的利益诉求。令人欣慰的是，技术创新已经引起党和政府的高度重视，逐渐上升为国家发展战略高度，且处于国家发展全局的核心地位。如党的十八大明确提出"科技创新是提高社会生产力和综合国力的战略支撑，必须摆在国家发展全局的核心位置"，强调要坚持走中国特色自主创新道路、实施创新驱动发展战略。党的十八届五中全会指出"创新、协调、绿色、开放、共享"五大发展理念，创新成为"五大发展理念"之首，这一系列重要论断彰显了创新在国家发展中的重要位置。随后党的十九届五中全会提出"创新是引领发展的第一动力，是建设现代化经济体系的战略支撑"的重要论述[2]。2022 年 10 月 16 日，党的二十大报告提出，"必须坚持科技是第一生产力、人才是第一资源、创新是第一动力，深入实施科教兴国战略、人才强国战略、创新驱动发展战略"的重要论断[3]。可见，党中央将创新的重要性提高到前所未有的高度，加快实施创新驱动发展战略将成为未来中国经济社会发展的永恒主题。

---

[1]　资料来源：2018 年全球创新指数（The Global Innovation Index）。

[2]　中共中央文献研究室：《习近平关于科技创新论述摘编》，中央文献出版社 2016 年版，第 9 页。

[3]　习近平：《高举中国特色社会主义伟大旗帜　为全面建设社会主义现代化国家而团结奋斗——在中国共产党第二十次全国代表大会上的报告》，人民出版社 2022 年版，第 33 页。

二、理论背景

科技创新活动具有典型的外部性、外溢性、不确定性和创新领域科技事权和支出责任的不健全是长期以来中国科技创新困境难以改变的重要原因。自从 1994 年实施分税制以来，中央和地方逐步建立了财权与事权划分的初步格局，科技创新工作也是由中央政府统一制定后分解至各省级政府负责具体执行，地方政府一直是创新领域提供公共服务的重要主体之一，显然已不可或缺，但其在区域创新活动中发挥的作用尚存一定争议。财政科技投入一直是辖区创新活动的重要投资来源，这种持续稳定的财政科技支出对区域创新活动显得尤为必要和关键。但在晋升激励机制和"唯 GDP 论"政绩诉求背景下，地方政府为了完成中央政府相应的政绩考核任务或者追求自身利益最大化的晋升机会，迫使地方财政支出更加倾向于具有较强外溢性的基础设施建设，意味着具有较强不确定性的科技创新活动会被其他生产性公共服务所挤占或压缩。另外，横向政府间"为增长而竞争"的行为逻辑很大程度上会产生"重生产、轻创新"的偏向性投资（吴延兵，2018），地方政府可能不会选择增加创新领域公共品投资比重，抑或执行科技创新政策不是十分积极，显然成为区域创新绩效不是十分理想的重要原因。

区域创新成为经济实现稳定持续增长、实现增长动能转换的重要基础，而地方政府可以通过增加公共服务、采取特定的财税措施来激励区域创新。财政分权作为中央和地方财政权力关系分配的一种制度安排，在很大程度上决定了财政资源配置的方式、效率和水平，能够深刻影响地方政府行为决策。作为促进经济增长动力转化的区域创新也会受财政分权制度的影响。一方面，国家关于财政分权的制度安排能够通过调动地方政府的积极性来对区域创新产生重要影响，对区域创新建设发挥着"区位定向诱导"作用，促进地区间创新资源要素配置、流动、扩散和溢出效应；另一方面，财政分权是地方政府发挥作用的重要激励机制。地方政府是区域创新系统建设的主导者，但发挥"有形之手"也会产生一定负面效应，过多或不当的地方政府干预会导致企业创新主体地位丧失、创新资源空间布局同构化、恶性竞争愈发严重以及地区间创新水平差距日益扩大等问题。

三、现实诉求

从现实需求上看，随着国家全面启动并实施创新驱动发展战略，对地方政府推动区域科技创新发展提出了相应的责任和目标，并将其作为地方政府政绩任务考核的重要内容。地方政府会秉持"向上负责"的态度，具有"经济人"特性的地方官员一定会积极地完成相应的创新绩效考核指标。如今，中国尚未建立起适应创新驱动发展的现代财政制度，追求高质量科技创新发展给现行财政分权体制带来了重大挑战与影响，意味着财政分权体制亟待进一步优化。党的十九大报告指出："我国经济已由高速增长阶段转向高质量发展阶段。"[1] 提升区域创新水平作为新时代高质量发展的重要内容，经济发展是否高质量，区域创新是关键。新时代区域创新发展离不开国家治理水平的提高和完善。党的十八届三中全会提出"财政是国家治理的基础和重要支柱"[2]，意味着财政治理能力的提升将在很大程度上影响甚至决定着科技创新目标的达成。近年来，中央政府相继发布《基本公共服务领域中央与地方共同财政事权和支出责任划分改革方案》《科技领域中央与地方财政事权和支出责任划分改革方案》，以上两个方案初步构建了中央与地方科技领域的目标和责任体系。中央政府在"自上而下"地积极探索科技领域中央与地方财政事权和支出责任过程中，其纵向财政关系始终是一个无法回避的根本制度性问题，一直成为影响科技创新准公共产品投资的重要因素。

---

① 习近平：《决胜全面建成小康社会　夺取新时代中国特色社会主义伟大胜利——在中国共产党第十九次全国代表大会上的报告》，人民出版社 2017 年版，第 30 页。

② 《中共中央关于全面深化改革若干重大问题的研究》，人民出版社 2013 年版，第 19 页。

　　提高区域创新能力是培育经济发展新动能，加快推进新旧动能转换的重要驱动力，也是解决区域发展"不平衡、不充分"问题的关键所在。随着我国供给侧结构性改革深入推进，全面实施创新驱动发展战略和加快建设创新型国家，区域创新的重要性尤其凸显。因此，未来政府如何进一步增强区域创新活力成为学界和决策者所关注的问题之一。值得注意的是，政府在区域创新体系中扮演着重要的角色，制定创新战略和引领创新发展，塑造创新环境和提供创新服务，积极为创新主体开展创新活动提供政策支持和财税保障。可见，创新不仅仅是市场选择的结果，也是政府推动的结果。值得关注的是，具有政治集权和经济分权特征的中国财政分权制度能够深刻地影响政府行为决策。1994 年，我国开始实施分税制改革，中国财税体制改革逐步适应社会主义市场经济体制，为中央和地方财政关系提供了一个更加规范科学的制度平台，有效地发挥中央和地方两方面积极性，不仅提高了中央政府的宏观调控能力，而且为地方政府促进经济增长提供了制度激励。可见，财政分权能够影响地方政府的行为选择，刺激地方政府更多地关注本辖区的经济发展。那么，创新活动作为区域发展的一种重要经济行为，是否会受财政分权激励制度的影响。

第二节　国内外研究动态

一、国外研究动态

（一）财政分权与公共品供给的相关研究

　　财政分权理论起源于经典的公共经济学中的公共品层次性问题，着重强调市场效率视角下政府间如何能够有效供给公共品，重在探讨财政收入、财政支出以及财政转移支付如何在多层级政府间进行合理配置。

传统财政分权理论认为，财政分权能够有效改善辖区政府公共品及公共服务的供给能力及水平。

第一，财政分权能够通过了解、识别和匹配偏好和优化资源配置以实现公共品的有效供给。为了获得更多辖区居民选票支持，辖区政府会更加积极主动通过多种途径了解居民偏好需求以及偏好次序，地方政府在决定公共产品和服务供给的优先次序及确定最优供给规模时，具有中央政府无法比拟的信息优势，可以有效避免中央政府因信息不充分而导致公共品供给效率低的弊端（哈耶克，1945；蒂布特，1956）。从理论上看，辖区政府公共服务供给责任需尽可能下放至最小辖区范围内，不仅可以实现公共服务供给成本和收益的内在化，而且还能提高有限资源优化配置效率（奥茨，1972）。

第二，财政分权可以通过建立辖区政府的公共服务供给责任制，以提高政府公共服务供给水平。相比中央政府，更加贴近居民的辖区政府迫于监督、考核、政绩等压力而建立了一个更加完善的责任制，并由此推动公共服务供给效率的改善，尤其是教育、医疗卫生和文化体育方面（格拉纳多等，2006；布罗西奥和艾哈迈德，2008）。与此同时，本辖区居民是公共服务供给的最终受益者，其会依据官员工资福利的高低以及是否存在寻租行为而造成公共资源的损失。按照辖区政府间"标尺竞争"理论进行全面评判，通过辖区选举投票对"坏"辖区官员进行问责与惩罚。正因如此，一个更加完善的供给责任机制不仅可以约束辖区官员寻租行为，而且能够促使辖区政府可以在有限资源约束下实现公共资源最优配置，从而不断地改善政府公共服务供给效率。与此同时，一个完善的供给责任制不仅能够保障公共投资的相对稳定，也会增加部分有助于经济社会发展的公共部门支出（贝纳西·奎里等，2007；安德烈亚斯·卡佩莱拉和蒂莫夫·利勒，2008；弗雷德里克森，2013）。

第三，财政分权可以通过建立相匹配的财权与事权，以实现公共服务有效供给。如温格斯特（1995）亦认为，在财权与事权相匹配的基础上，财政分权对扩大公共物品与服务支出具有内在激励，有助于提高辖区政府公共服务的供给效率，实现辖区居民受益最大化。朱拉夫斯卡亚（2000）运用俄罗斯35个城市的面板数据进行实证分析，发现俄罗斯实施财政分权后的地方教育、卫生以及文化体育支出占比都具有明显提高。随后弗拉盖特（2004）基于玻利维亚的面板数据进行实证分析，结构表明实施财政分权体制后的社会服务性财政支出规模有所增加。

与此同时，以往研究关于财政分权对公共品供给的激励作用持怀疑态度，二者之间存在负向相关关系也获得了一些学者研究的证据支持。

第一，财政分权体制下的政府间多层级代理关系以及代理方活动存在一定外部性，意味着财政分权的负面效应就会逐渐凸显（库马尔和马纳基，2009），若辖区政府存在公共支出结构性偏向（什列夫和维什尼，1993）以及政府间竞争性行为等，导致辖区政府更加倾向于将财政资源投入到具有经济属性的基础设施中，从而会挤占短期经济效益不显著，但具有较强正外部性的科教文卫等公共服务供给（基恩和马尔坎德，1997；海涅，2006；艾格尼斯，2007；博格等，2014）。

第二，若多层级政府间公共物品供给责任划分不明确，意味着财政分权激励机制会对公共物品供给效率产生一定抑制作用。显然，政府间事权和供给责任的匹配并不是基于民主政治决策过程决定的，可能会为辖区政府创造一定寻租空间，导致地方官员将分权程度高的支出分配到一些非生产性支出项目，如工资、福利等，无疑将阻碍财政支出效率的提升和经济增长，最终影响整体宏观经济表现（哈米德·达乌迪和邹恒甫，1998；安迪·派克等，2010）。

第三，财政分权体制虽然赋予了辖区政府更多的积极性和主动性，但若辖区政府过度参与公共品供给，一定程度上会抑制规模经济的出现，同时也会促使公共服务供给成本的提高，成为引致辖区公共品供给短缺的重要原因之一。

第四，财政分权可能限制或者降低了中央政府的再分配职能。中央政府需要通过转移支付等方式实现全国范围内公共服务供给的最低水平，但由于财政分权的收入和支出归属辖区政府，中央政府可能会因为公共投资不足而导致均等化转移支付难以为继（米纳希安，1997）。

（二）财政分权与区域创新的相关研究

国外已有研究主要集中揭示地方政府运用财税政策对区域创新活动效果的影响。在财政分权体制下，地方政府通过优化财政资源配置（赤井和板田，2002），增加教育经费投入规模（克劳福德，2008），积极推动辖区经济发展，以及运用宏观政策手段直接干预企业 R&D 经费投入强度（李振宇，2011），为辖区创新活动提供重要物力保障。为了获得更多辖区选民选票，地方政府在区域创新产出方面的竞争行为也会改善辖区创新活动效果（施莱弗，2000）。此外，财政分权制度对地方政府预算行为具有一定约束，辖区选民也会对地方政府预算支出安排具有监督权、知情权和决策权，一定程度上保障了创新领域财政科技投入规模（弗拉基尼和安吉拉，2006）。

此外，虽然财政分权能够赋予地方政府财政资源配置的自主权，但在资源配置过程中容易滋生腐败现象，这种腐败行为破坏了辖区创新活动的制度环境，必然导致辖区创新效率的损失（贝科维茨和李伟，2000；沃勒等，2002；克莱森斯和莱文，2003）。由于地方官员腐败行为内生于财政支出体系内的寻租行为，若辖区官员发生寻租行为，必然导致财政支出偏向易于腐败的具有公有产权性质的企业或机构，以及辖区基础设施投资等领域（克鲁格，1974；费尔滕斯坦和岩田，2005），从而降低辖区创新相关领域的政府财政投资偏好，进一步弱化了地方政府对辖区创新活动的引领与支持作用。

（三）政府干预与区域创新的相关研究

针对政府参与辖区创新活动的合理性问题，可能最早源于辖区创新活动过程中出现"市场失灵"现象（纳尔逊，1959）。辖区创新活动具有收益的非独占性、过程的不可分割性以及不确定性的特点（霍尔和里恩，2000），这些属性容易导致竞争性市场主导的辖区创新活动低于社会最优配置水平（马丁和斯科特，2000），仅仅依靠市场机制无法有效解决辖区创新活动中的"市场失灵"问题，说明辖区创新活动对政府支持具有一定的内在依赖性，为地方政府支持辖区创新活动提供了经济学依据。与此同时，一些学者界定辖区创新活动具有公共品属性（纳尔逊和菲尔普斯，1966；施蒂格利茨，1988），生产具有公共品特征的技术性知识或信息的活动，认为技术性信息或知识所带来利益不能完全归生产者所有，可能引发用于技术研发活动经费的减少（阿罗，1962），任何技术性知识或信息都具有非竞争性和非排他性（罗默，1990）。由于技术性信息或知识的非排他性使创新主体不能完全占有收益，一定程度上会影响技术创新成果的减少，只有政府干预辖区创新活动过程才能有效克服"市场失灵"现象。可见，地方政府需要运用减免税收优惠政策、增加财政科技投入规模、加大信贷支持力度（弗曼等，2002）、保护知识产权、规避恶性竞争（德克·查尼茨基和格奥尔格·利希特，2006）等宏观经济政策，去纠正辖区创新活动的外部性、不确定性和"市场失灵"现象（莫林·克罗珀和华莱士·奥茨，1992）。

随着相关研究不断深入，已有研究更多关注地方政府运用财税政策工具干预辖区创新活动的效果，地方政府运用财税政策工具是否改善了区域创新活动效果。一些学者认为，地方政府实施宏观财政政策会吸引更多生产要素投入，如税收优惠政策、财政科技支出和知识产权保护会显著改善区域创新活动效果（冈萨雷斯和帕索，2008；德克·查尼茨基等，2011；布兰施泰特等，2002），也会激励企业 R&D 经费投入规模扩大（巴罗，1990；弗里曼，1995），尤其是政府财政 R&D 补贴的企业或研发机构往往有更多的专利成果（德克·查尼茨基和胡辛格，2004；斯奇盖尔斯基等，2017）。同时，地方政府宏观经济政策支持也显著增加了公共研发投入规模（威森塔尔等，2012）。然而，财政支持辖区创新活动也会产生一定负面效应，认为财政科技支出会对企业 R&D 经费投入存在"双重"效应。地方政府运用财政手段干预辖区创新活动，会人为地增加辖区创新活动成本，降低部分未获得财政补贴的辖区创新项目的积极性，一定程度上阻碍了辖区创新活动整体产出（瓦尔斯滕，2000），且财政补贴对企业 R&D 研发经费投入存在挤出效应（霍尔和马菲奥利，2008；德隆·阿西莫格鲁等，2013），引发政府 R&D 经费补贴绩效甚至要低于企业自身研发投入效果，且财政政策对辖区创新的溢出效应也存在不确定性的现象（兹维·格里利克斯，1998）。

二、国内研究动态

（一）财政分权与公共品供给的相关研究

随着国内学界对公共选择理论的认可，传统财政分权理论的"仁慈型政府"假定越来越受到社会质疑，以钱颖一、温格斯特为代表开始借鉴公共选择理论的"理性人政府"假设，以转轨时期的中国为例，揭示财政分权对地方政府官员的内在激励机制，进而对公共品供给及经济增长的影响。基于1978年行政放权和财政包干制的基础上，以钱颖一、温格斯特为代表提出了"市场维持型联邦主义"，自此创立了第二代财政分权理论，初步建立了一个财政分权与中国经济增长的解释框架。

随后，周黎安和张军（2007）基于中国特定政治体制，进一步丰富了第二代财政分权理论内涵。随着第二代财政分权理论内容和实践经验的不断发展和完善，傅勇等（2007）明确界定了"中国式财政分权"，认为经济分权同垂直的政治管理体制紧密结合是中国式分权的核心内涵，并验证了兼具经济分权和政治集权的财政分权促使"唯 GDP"官员政绩考核压力增加，导致了政府间财政支出结构"重建设、轻服务"的偏向性扭曲。目前，学术界已有研究都是以上述理论为基础，揭示中国特色财政分权对经济社会发展的因果关系。

尽管国内已有研究对中国财政分权激励效应进行深入研究，但已有研究文献更多集中在中国财政分权与经济增长方面（林毅夫等，2000；沈坤荣等，2005；周业安等，2008）。与此同时，一些学者的研究方向由财政分权对经济增长的影响向财政分权与公共物品转变，结合中国财政分权具有分散化的经济分权和"对上负责"行政体制的特点，揭示财政分权激励机制如何影响公共品供给效率，认为中央和地方政府在经济领域分权赋予了地方政府相对灵活的收支自主权（付文林等，

2012），地方政府官员在短期内"以 GDP 为导向"的政绩考核和官员晋升压力下追求经济绩效，存在扩张性投资冲动（周黎安，2004；方红生等，2009），也会间接地影响地方财政支出结构或偏好，更加倾向于短期内为当地创造较大经济效益的"硬"公共品投资，却忽视对"软"公共品支出（平新乔等，2006；傅勇等，2010；余显财等，2017）。

（二）财政分权与区域创新的相关研究

财政分权的创新产出效应一直是国内学界关注的重要领域。囿于数据来源、指标构建以及计量模型等方面有所差异，未能得出相对一致的研究结论。国内已有文献主要表现在"财政分权对区域创新具有正向激励作用""财政分权对区域创新产生负向抑制作用"以及"财政分权与区域创新激励之间存在非线性或异质性关系"三个方面。

其一，财政分权对区域创新具有正面促进作用。现有研究主要基于省级行政区的面板数据，选取专利产出弹性系数（林海波等，2015）、万人发明专利授权数（卞元超等，2017）、测算区域创新效率（宣烨，2017；李证和杨思莹，2019）和 R&D 边际创新产出等（薛婧等，2018）作为区域创新水平的指标参数，发现中国财政分权制度确实改善了区域创新活动效果，意味着中国财政分权激励地方政府会增强区域创新活动的支持力度。

其二，财政分权对区域创新产生负面抑制效应。如赵文哲（2008）和刘丙泉等（2018）选取省级样本数据或者城市层面的面板数据（李政和杨思莹，2018），结果表明，中国财政分权不利于区域创新成果产出效率及区域创新整体效率的提升，显著地抑制了区域创新驱动发展（杨志安和邱国庆，2019），财政分权程度越高，区域专利强度和研发强度越低（吴延兵，2019）。

其三，财政分权与区域创新激励之间存在非线性或异质性关系。（1）异质性。财政分权对技术创新的影响具有显著区域异质性和行业差异，其正向效应从中部依次向东部和西部递减（李政和杨思莹，2019），但财政分权显著促进了非国有工业企业创新能力的提升，对国有工业企业创新能力的正向效应相对微弱（李琳等，2018）。（2）非线性关系。财政分权对区域创新激励存在门槛效应，适度分权激励能够改善区域创新活动效果，分权过度则削弱对区域创新的促进作用（王春元，2016），意味着财政分权与区域创新激励之间存在非线性关系（梁强，2019），其影响轨迹表现出 U 形变化特征（杨志安和邱国庆，2019；田红宇等，2019）。

此外，随着相关研究不断深入，学界开始关注中国财政分权下究竟是增加还是减少了地方政府财政科技投入。一些学者认为，中国财政分权确实增加政府财政科技投入规模，提高企业研发投入强度（周克清等，2011；潘镇等，2013；周彬等；2015；罗贵明，2017；台航等；2018）。然而，也有学者认为，中国财政分权制度抑制了地方政府科技创新的投资热情（张梁梁等，2016），显著地抑制了政府财政科技投入规模（白俊红等，2017；辛冲冲和陈志勇，2018），意味着地方财政分权程度越高，财政科技支出占比越低（吴延兵，2017）。

（三）政府干预与区域创新的相关研究

国内学界关于政府支持区域创新活动的相关研究主要表现在"政府参与区域创新活动的理论依据""政府参与区域创新活动的路径选择"和"政府干预对区域创新的影响""财政政策对区域创新产出的影响"这四个方面。

第一，政府参与区域创新活动的现实依据。国内学界大多数认为财政支持科技创新活动的逻辑起点——公共产品属性（马学，2007；彭羽，2016；王波等，2018），认为完全由市场配置科技创新资源可能出现低效或者"市场失灵"现象，这为地方政府参与其配置提供了合理的经济学依据，同时提出了地方政府参与创新活动可以通过运用财政工具纠正"市场失灵"（贾康等，2015；邹甘娜等，2018），同时指出科技创新"市场失灵"主要表现出垄断、负外部性、公共物品和信息不对称等特点都需要政府的介入（马静等，2016；何海锋，2019）。随后，李子姮等（2018）从古典学派、新古典综合学派、公共选择学派以及熊彼特创新经济发展理论与新熊彼特学派等理论论证财政支持科技创新的理论依据。

第二，政府参与区域创新活动的路径研究。（1）通过构建稳定长效的财政科技投入增长机制，充分发挥财政政策的杠杆作用（李华等，2012），需要不断优化财政科技投入结构（胡丽华，2012），调整财政支持区域创新方式（孙玮瑛，2018），推动从财政直接资助向间接资助的转变（周海涛等，2016），同时优化财政金融科技支出结构与方式（朱大玮等，2012）。（2）借鉴典型国家科技创新的国际经验，注重建立科技创新阶段性税收政策，适度提高科技创新税收政策优惠力度，调整科技创新税收优惠方式，以及提升科技创新税收政策法律层次（彭羽，2016），也需要从宏观定位、法律定位以及微观设计三个方面加强税收政策对科技创新的支持（龚辉文，2018）。

第三，政府干预对区域创新具有显著促进或者抑制作用。通过省级面板数据进行实证分析，发现财政政策与创新具有显著的正相关，说明财政政策支持能够促进创新专利产出（和瑞亚等，2013；吴芸，2014；潘雄锋等，2017；马嘉楠等，2018），显然有利于区域创新效率的提升（孙志红等，2017；李政等，2018），但陈庆江（2017）研究发现，虽然政府财政科技投入会促进创新专利产出，但对创新效率的影响并不显著。然而，一些学者研究发现，政府参与创新活动不利于创新政策效果的改善（马述忠等，2016；叶祥松等，2018）。随后，叶祥松等（2018）进一步实证检验政府参与对区域创新效率的作用效果，发现政府运用财政工具参与区域创新活动存在最优区间，说明财政政策与区域创新效率之间可能存在非线性关系。

第四，财政政策影响区域创新产出存在一定异质性。（1）财政科技投入—产出存在显著的地区异质性特征，东、中、西地区财政科技投入存在不同的效应（吴非等，2017；史晓辉等；2017）。（2）财政科技投入对区域创新效率存在显著的表现在国有企业和非国有企业的异质性，财政支持国有企业更有利于促进技术创新效率（陶虎等，2013）。（3）不同类型财政科技补贴政策对区域创新产出存在显著的异质性特征（马文聪等，2017；马嘉楠等，2018）。（4）财政科技政策对区域创新产出结构存在异质效应，其对发明专利产出具有显著促进作用，技术模仿的实用新型和外观设计不显著（叶子荣等，2011）。（5）不同类型土地出让方式对创新产出存在显著的异质性（鲁元平等，2018）。

（四）文献评述

国内外研究动态主要聚焦在"财政分权与公共品供给""财政分权与区域创新"和"政府干预与区域创新"等方面已有研究成果相对颇丰。同时，以往研究的理论基础、研究方法、研究视角以及计量模型等方面都为本书进一步研究中国财政分权对区域创新激励的影响提供了更多的参考借鉴，但已有研究仍有一些不足之处，具体内容如下。

第一，虽然已有文献资料相对丰富，但由于样本数据区间、计量模型以及指标测度等方面差异，导致对"中国财政分权促进还是抑制区域创新"这一问题尚未达成一致的结论，说明学术界关于财政分权与区域创新激励之间的关系仍然处于模糊状态。另外，整体上已有研究呈现了实证研究偏多，理论研究略显不足的发展趋势。

第二，已有研究更多聚焦在中国财政分权对区域创新激励的影响，但相对较少文献揭示财政分权对地方政府行为的影响机理，进而探讨地方干预对区域创新激励的影响，说明以往研究主要深入分析财政分权与区域创新激励之间的直接关系，较少文献涉及财政分权对区域创新激励的传导机制。

第三，现有研究还尚未考虑区域创新空间自相关性问题。多数研究仍然在经济单元之间相互独立的研究假设下进行的。根据地理学第一定律，任何经济变量均存在空间依赖性和相关性。现实中，空间视角下中国财政分权的影响导致区域创新激励效应的"竞优"或是"竞次"。另外，区域创新的空间相关性研究相对薄弱，财政分权的区域创新空间溢出效应仍然处于探索阶段。

第四，财政分权与区域创新激励效应的相关测度指标亟须进一步调整。已有研究都是采用单一性指标进行测度，这种指标选取可能导致计量模型的内生性问题，财政分权与区域创新激励可能产生双向因果关系，抑或导致本书的相关研究结论出现非稳健性现象，亟须采用不同变量定义和衡量方式，验证财政分权激励机制对区域创新专利产出的影响。

第五，已有研究关于推进区域创新水平提高的财政政策建议也需要进一步细化。已有研究主要集中在完善财政政策方面，尚未涉及财政自身体制方面以及统筹财政配合其他领域改革，可能导致推进区域创新水平提升的财政政策效果不是十分理想，亟须进一步规划创新驱动发展战略的财政支持体系。

第三节　本书的学术价值

作为发挥政府重要职能的财政分权体制已经成为影响政府有效供给公共产品和服务的重要因素，其在干预区域创新活动方面具有独特优势，可以在供需两端同时精准发力。科学研判中国财政分权与区域创新的关系，把握二者的平衡，有助于完善财政分权制度和改善区域创新效果，这在当前谋求地方财政可持续性和推动经济高质量发展背景下具有十分重要的理论和实践意义。

一、理论价值

第一，拓展了中国特色创新发展理论。基于中国经济与创新驱动发展的现实背景，研究社会主义市场经济体制下的区域创新发展与财政分权体制，总结具有中国特色的政府运用财税政策支持区域创新发展的经验，提炼和总结具有中国特色的创新发展模式和创新型国家建设道路，丰富和发展创新理论具有重要的理论意义。

第二，澄清了政府参与效果之争。财政分权是影响区域创新激励效应的重要因素，研究创新活动中的财政分权激励，能够有效弥补当前区域创新系统理论研究的不足。明晰财政分权在区域创新活动中的作用，厘清创新活动中的财政激励方式，对于完善创新理论、澄清当前学术界关于创新活动中"有为政府"和"无为政府"的争论具有重要的理论价值。

二、应用价值

第一，重塑了区域创新活动中的政府激励行为。本书不仅考察了政府参与区域创新活动行为的有效性问题，而且考察了不同财政激励方式对区域创新活动的影响效果，有利于重塑地方政府参与科技创新活动行为，以构建更有效的提升政府参与区域创新水平的策略体系，提高政府运用财税政策参与区域创新活动效果具有一定的实践参考价值。

第二，规划了创新驱动发展战略的财政支持体系。本书关注我国政府重大创新政策落实举措，探索提高政府高效落实创新政策的方案与路径。因此，本书研究结论在一定程度上为我国创新驱动发展战略实施过程中合理发挥财政职能，推动创新驱动发展战略的稳步实施提供实践指南，对我国创新型国家建设战略目标的实现具有一定的实践参考价值。

第四节　本书的主要内容

财政分权改革是中国经济体制改革的重要突破口，是中国经济发展战略中重要的驱动力之一。本书将中国财政分权的研究从经济增长扩展到其他与经济增长密切相关的区域创新领域，主要探讨中国财政分权对区域创新的激励效应以及传导机制问题。

一、财政分权与区域创新激励效应：问题溯源

从问题来源、理论背景和现实诉求三个方面展开研究。（1）问题来源。从经济增长动力、国际形势、创新水平、我国创新发展实践等方面的事实特征，重点揭示政府参与区域创新活动的紧迫性和必要性。（2）理论背景。以往研究对政府支持创新活动效果仍有一定分歧，形成了创新活动中的政府支持悖论。从理论上亟待分析政府支持悖论及其形成的原因。（3）现实诉求。区域创新水平关注度日益提升，作为发挥地方政府重要职能的财政分权激励体制在区域创新建设过程中扮演着日益重要的角色。

二、财政分权与区域创新激励效应：理论分析

从理论溯源、理论模型和作用机制三个方面展开理论研究。（1）理论溯源。分析公共品理论、外部性理论、公共选择理论和委托—代理理论在财政分权与区域创新激励效应相关研究的适用性。（2）理论模型。一是借鉴多任务委托—代理参数化理论模型，揭示财政分权与区域创新激励效应之间的内在因果关系；二是参考辖区"标尺竞争"理论模型，揭示财政分权下区域创新激励效应具有"标尺竞争"的特征。（3）作用机制。增长型财政分权激励机制扭曲了财政调控行为。为此，聚焦财政调控方式的视角，选取财政科技支出、科技领域事权划分、地方税收和土地财政四个方面，揭示财政分权对区域创新激励效应的作用机制。

三、财政分权程度与区域创新水平：现状考察

选取改革历程、基本特征、动态变化和典型事实四个方面展开研究。（1）改革历程。分别归纳财政分权体制改革和科技创新体制改革的发展阶段及其内容。（2）基本特征。分别总结财政分权体制改革和

科技创新体制改革历程所呈现的基本特征。（3）动态变化。分别采取不同测度指标衡量财政分权程度和科技创新水平及其动态变化。此外，也考察了财政科技投入规模、中央和地方政府间科技领域事权和支出责任、中央和地方间宏观税负负担以及土地财政依赖程度及其动态变化。（4）典型事实。运用统计工具分析，揭示财政分权程度与区域创新水平同步增加的现象，并解释其必然或偶然现象。

四、财政分权与区域创新激励效应：实证分析

从直接效应、中介效应和空间效应三个方面展开实证研究。（1）直接效应。运用省级行政区的面板数据，从全国和分地区层面分别考察财政分权激励是否促进区域创新水平提升，并进一步构建基准面板门槛回归估计模型检验财政分权对区域创新激励的门槛效应。（2）中介效应。运用温忠麟（2014）的中介效应模型，从全国和分地区两个层面，解释中国式财政分权下的地方财政激励方式如何影响区域创新活动效果。（3）空间效应。运用空间杜宾面板模型，从全国和分地区两个层面，考察中国财政分权的影响导致区域创新激励效应是否存在空间策略性"竞优"或是"竞次"行为。

五、财政分权与区域创新激励效应：路径选择

结合财政分权与区域创新激励效应的理论分析和实证分析的主要结论，从"财政分权改革""财政政策选择"和"财政与其他配合改革"三个方面构建逻辑路径体系。（1）促进区域创新激励效应的财政分权改革。按照中国财政分权的实施主体、运行载体、实践绩效和外力保障的基本维度，政府推进区域创新激励效应的财政分权改革方向关键在于坚持官员治理、制度设计、人民主权和监督机制的"四位一体"的改革方向。（2）完善区域创新激励效应的财政政策。从扩大创新领域财政支出规模、完善科技"双向"分权体制、规范地方税收行为和约束

地方扩张性土地出让行为四个方面，构建一套纵向联动、横向协同的财政政策。（3）推进区域创新激励效应的财政与其他配合改革。单纯依赖政府运用财政政策工具激励区域创新活力远远不够，必须充分调动发挥多元主体的参与度和积极性，通过与人才政策、产业升级、对外开放和空间规划四个方面改革配合，实现区域创新水平整体改善。

第五节　研究方法

财政分权与区域创新激励效应相关问题涉及经济学、管理学、政治学等多学科知识体系。与此同时，本书主要运用了文献分析法、理论模型演绎法、实证检验法等研究方法，整体上实现多元化研究方法体系和跨学科交叉融合使用。

第一，文献分析法。对财政分权体制、区域创新激励效应、政府干预行为等相关文献进行回顾，覆盖理论建模与实证检验两个维度、国内与国外两个视角。对中国财政分权体制改革、科技创新体制改革、官员激励与治理等相关政策文本资料进行收集和整理，覆盖改革历程与基本特征两个维度。

第二，理论模型演绎法。借鉴霍姆斯特罗姆和米尔格罗姆（1991）的多任务委托—代理参数化模型并进行拓展，阐释中国财政分权与区域创新激励效应的内在因果关系；分析中国财政分权的影响导致区域创新激励效应是否存在空间策略性"竞优"或是"竞次"行为时，采用蒂莫西·比斯利和斯玛特（2007）的"标尺竞争"空间模型并进行扩展。

第三，实证检验法。实证检验主要包括全国和分地区两个层面，涉及财政分权对区域创新激励的直接效应、中介效应和空间效应三个维度，运用 GLS、GMM、DID、SDM 等计量方法，还要特别注意处理内生性、工具变量、面板自相关等问题，并对相关结论做严谨的稳健性检验。

第六节　本书的创新与不足

一、研究创新

以中国财政分权的视角，探讨区域创新激励效应，探究政府参与区域创新活动的有效性问题。相比于以往研究，本书的学术创新点主要有三个。

第一，区域创新激励效应的分析思路与观点独到。以中国财政分权制度为切入点，基于"问题提出—对话理论—提出假说—验证假说"的逻辑思路，在分析现有研究缺陷的基础上，从单一经济因素扩展到制度因素甚至财政行为层面。将财政分权与区域创新激励效应纳入统一的理论框架，对中国财政分权与区域创新激励效应的相关理论进行分析，运用省级层面的面板数据，验证中国财政分权与区域创新激励效应的相关研究假说，为促进区域创新水平提供了强有力的识别机制和现实支撑，深化了现有文献对政府参与创新活动的研究。

第二，丰富了区域创新激励效应的财政激励方式研究。本书系统总结了区域创新活动中的财政分权激励，并基于省级层面数据进行实证检验，丰富了创新系统中的财政激励行为研究。为此，聚焦财政激励行为的视角，通过考察财政分权对地方政府行为的激励，间接地揭示财政激励行为对区域创新水平的影响，并对此进行实证分析，发现财政科技支出、中央和地方科技领域事权划分、地方税收努力程度和土地财政收入成为政府干预区域创新活动的重要手段，但土地财政收入对区域创新激励存在"遮掩效应"，丰富了现有研究，为政府运用财税政策支持区域创新活动提供实践指导。

第三，拓展了区域创新激励效应的研究空间层级。本书将区域创新激励效应的理论和实证研究引入省级空间层级，弥补了财政分权对区域创新激励的空间效应研究，丰富了相关研究主题。以往研究聚焦于财政分权与区域创新激励效应之间的关系，忽视了研究内容的空间层级。为此，基于空间的视角，从理论和实证两个层面，考察财政分权对区域创新激励的空间效应，发现财政分权激励机制是影响区域创新空间上产生"竞优"行为的重要因素，政府间会以相邻或周边地区创新水平为标尺展开"为创新而竞争"，丰富了现有研究，为政府进一步总结经验，提高财政支持区域创新水平提供了理论依据与实践指南。

二、研究不足

第一，研究内容层级有待于进一步扩展。本书从宏观层级进行实证分析，然而省级层面的研究难以准确判断区域创新激励的总体效应，容易低估财政分权对创新活动的激励效果，并且相对于省级的宏观层级，城市的中观层级或者企业的微观层级的财政分权激励往往更加科学和具有针对性，而尚未进一步从宏观、中观与微观三个层级进行实证分析。从宏观、中观与微观三个层级，探究财政分权对区域创新的激励效应，无疑会使研究结论更具说服力，肯定了深化财政分权体制改革有利于调动地方政府的积极性，将有助于激励区域创新产出。

第二，区域创新激励主体有待于进一步细化。受限于数据可获得性，本书未对区域创新激励主体进行更为清晰的量化与实证分析。基于专利数据，探讨财政分权对区域创新的激励效果，并且基于政府支持创新受益主体的选择，考察财政分权对企业、高校和科研机构何者更为有效的问题，但尚未进一步量化不同区域创新激励主体的影响效果。探究财政分权对企业、高校或科研机构创新活动的影响效果，无疑对澄清学术界关于政府职能边界的争论，有效发挥区域创新发展中的财政分权激励作用具有更加重要的意义。

第二章

财政分权与区域创新：
概念界定与理论基础

第一节　财政分权与区域创新相关概念的界定

一、财政分权

自 20 世纪 50 年代以来，财政分权不仅在发达国家得以兴起，而且逐渐在发展中国家得以实现，已经成为全球主流国家的普遍发展趋势。财政分权理论最早起源于蒂布特（1956）《一个关于地方财政支出的纯理论》一书中。随后，斯蒂格勒（Stigler，1957）、马斯格雷夫（Musgrave，1954）和奥茨（Oates，1972）在地方政府有效供给公共品的基础上进一步丰富和扩展了相应的理论内涵，逐渐确立了相对完善的第一代财政分权理论，主要特点如下：第一，该理论假设过度强调地方政府属于"仁慈型政府"，会自觉地成为辖区居民谋取福利最大化的"守护人"；第二，就居民需求偏好信息来说，地方政府的信息偏好识别机制要优于中央政府，地方政府有效提供公共品的供给效率要高于中央政府。可见，第一代财政分权理论为政府间财政关系提供了重要理论框架。但也存在一定弊端，除了理论假设过于严格外，忽略了政治基础和激励机制对地方政府追求福利最大化的影响，同时也过度关注辖区公共福利的供给效率而不是经济发展，这对发展中国家指导意义十分有限。

随后，钱颖一（Qian，1995）、温格斯特（Weingast，1997）和罗纳德（Ronald，1997）将财政分权理论与官员激励、政府竞争、经济增长以及相关机制设计进行有效融合，逐渐确立了第二代财政分权理论，主要特点如下：第一，着重强调地方政府是谋求自身利益最大化的"经济人"，而不是将公共福利作为其首要决策导向；第二，试图依据经典政治代理理论解析激励地方官员与提高居民社会福利相容问题；第三，关注政府组织制度对经济增长的影响，现实意义深远。

基于上述理论分析，本书对传统财政分权内涵的界定：基于"经济人"的假设，建立在中央和地方职能或事权划分基础上，中央政府通过赋予地方政府在财政收入、财政支出及财政转移支付等方面的自主权，以改善辖区公共服务供给效率为目的的一种政治分权和经济分权并存的财政制度。

二、中国财政分权

钱颖一和罗纳德（Qian and Ronald，1998）比较早地提出了"中国式财政分权"的概念，其最初起源于我国分散化的财政体制，其积极意义在于财政分权制度可以有效约束地方政府预算行为，其核心内涵是经济分权同垂直的政治管理体制紧密结合，这是区别于财政分权的政治分权和经济分权并存的突出特点。中央政府对地方政府的控制力也存在一定差异，西方国家的地方政府具有相对独立的地位，中央政府对地方财政预算行为缺乏一定控制和约束。

此外，地方政府必须对中央政府负责，拥有相对的财政收支自主权，中央政府也有足够权力去控制和制约地方政府行为，地方官员必须依赖和跟随中央政府的政策导向。虽然中国财政分权与传统财政分权有一定区别，但其基本满足"市场维护型联邦主义"（market-preserving federalism，MPF）的第二代财政分权理论（Weingast，1995）。

本书对中国财政分权内涵的界定：基于中央和地方事权划分基础上，中央政府将部分财政管理权、决策权转交给地方政府，在垂直政治管理体制下，地方政府在债务安排、税收管理和预算执行方面拥有一定的自主权，以避免信息的不对称，促进资源的更有效配置和社会福利的最大化，是处理中央政府与地方政府及各政府间关系等的一种财政体制。

三、区域创新效应

针对区域创新效应的概念界定，首先，本书界定"区域"的内涵。"区域"概念最早来自地理学，随后在社会学、管理学以及经济学等学科广泛应用。然而，本书主要基于经济学的视角界定"区域"的内涵，运用行政管理范围表示"区域"概念（埃德加·M. 胡佛，1990；孙久文和叶裕民，2010），本书所称"区域"指省级层面的行政区。

其次，界定"效应"的内涵，表示一些因素或结果构成的一种因果现象。

再次，界定"区域创新"的内涵。本书主要借鉴叶振宇（2018）提出的"区域创新体系"概念，即区域创新是指在一定行政区范围内，企业、科研院所、高校、中介服务机构以及地方政府等相关主体通过相关创新资源配置组合，将科学知识转化为新产品、新工艺、新服务，主要是技术性变化的创新。

最后，本书界定区域创新效应的内涵。目前，现有研究尚未明确界定区域创新效应的内涵。区域创新效应是一个非常宏观、多元化的概念，"创新"既涉及了一些"科学"的范畴，也包括了"技术"的范畴，创新活动会对自身、接受者或经济社会产生微观或者宏观效应，其微观效应更多来自企业层面，以及对其他利益相关者产生正向或负向效应，宏观效应则表现在区域或者国家层面。

区域创新作为经济学名词，指在特定地域范围内发生的所有创新活动和创新成果，涉及了创新环境、创新主体、创新网络、创新活动等。因此，本书主要探讨的区域创新是指省、自治区或直辖市地域范围内发生的所有创新活动和创新成果。其具体内涵在于：第一，区域创新活动范围不仅局限于企业层面，依赖企业自身人力、物力进行的自主创新，也需要依靠企业外部的科研院所、高等学校以及其他企业的研发部门和机构进行的创新。就创新主体看，区域创新活动主体具有多元化特征，不仅仅局限于企业，还包括大学、科研院所、科研机构的直接创新主体，又有政府、市场和金融机构的间接创新主体。第二，区域创新具有系统性特征，区域创新活动过程主要是由政府为主导、企业为主体、市场、科研机构和金融组织等其他多元素要素共同参与的合力发挥作用结果（李琳，2013），具有参与区域创新的社会力量大和产生区域创新效果的适用范围广的特点。

四、政府干预

中国财政现象与政府干预逻辑具有密切关系，而政府干预与官员行为又有密切关系，都深受中国特色社会主义政治经济制度的影响（吕冰洋，2018）。已有研究将政府在经济转型过程中的不同行为选择及其作用形象地比喻为三只"手"（Frey and Shleifer，1997），包括"看不见的手"（Smith，1776）、"援助之手"（Walder，1995）和"攫取之手"（Shleifer and Vishny，1997）。其中，"看不见的手"是指在遵守法律和秩序规则前提下，地方政府履行公共服务职能和保障契约执行的行为；"援助之手"是指超越法律和秩序规则前提下，地方政府推动经济增长、保障契约和限制寻租腐败的行为；"攫取之手"是指在僭越法律和秩序规则前提下，地方政府破坏商业环境和契约执行的行为。那么，地方政府究竟会发挥"援助之手""攫取之手"还是"无形之手"的作用呢？这取决于特定的经济均衡和制度安排（Frey and Shleifer，1997；Acemoglu and Johnson，2005；Acemoglu and Robinson，2012）。

现行中国财政分权下的地方政府选择"攫取之手"还是"援助之手"对经济社会发展具有重要作用，财政分权是政府发挥作用的重要激励机制。地方政府会"为增长而竞争"提供"援助之手"，继而采取扩大招商引资规模，加强基础设施建设和扶助中小企业发展，以实现地方经济迅速增长；又或者会因实现个人利益最大化而选择"攫取之手"，被认为是经济社会发展的"绊脚石"。同时，"为增长而竞争"激励机制也会引发城乡收入差距加大、支出结构扭曲、税收竞争、投资冲动、土地财政扩张、重复建设、地方保护和市场分割等问题。据此，本书对政府干预行为内涵的界定：基于中央和地方关系及政府间关系的框架，深入政府"内部"，聚焦"关系"分析，透过复杂的财政关系与财政过程揭示中国地方政府干预的行为特征和运作规律。主要特点如下：第一，从财政视角理解政府干预行为的变化；第二，财政策略一直贯穿于政府干预行为逻辑的始终；第三，政府干预行为选择与政府主导的中国特色社会主义政治经济制度密不可分。

在区域创新过程中，有诸多的社会组织参与其中，主要包括政府、企业、高校、科研机构。另外，还有金融、法律、会计、教育培训等不同专业领域的中介服务机构项目等。这些组织机构从不同的角度、方面直接或间接地参与到区域创新活动中来，促进区域创新活动的发展。尽管政府运用宏观经济政策干预创新活动，但难以直接影响创新领域各类市场主体的投资行为，而是运用更加强有力的"有形之手"间接影响各类市场主体的创新行为。理论上，政府理应是区域创新系统建设的主导者，政府支持是区域创新活动高效运转的重要保障，但发挥"有形之手"也会产生一定负面效应。其主要原因在于：财政分权赋予地方相对自主的财权，地方政府也掌控一些行政审批、土地转让、政策优惠等经济行政权力，拥有相对自主的财政资源配置权和经济控制力，深刻影响着辖区市场主体的创新行为。但政府为了完成相应的创新绩效考核目标，也会主动参与区域创新体系建设，或者短期内运用扩张性财政行为提高区域创新绩效，也会对区域创新产生一定"倒逼"激励机制效应。

第二节　财政分权对区域创新激励的理论基础

一、公共品理论

学界普遍认同的"公共品"概念是保罗·萨缪尔森（1954）发表的《公共支出的纯理论》（*The Pure Theory of Public Expenditure*）一文中的阐述，认为任何人对纯公共物品和服务的消费都不会使其他人对该物品和服务消费的减少，并提出将"公共品"理论作为古典理论体系的重要内容，就此确立了经典的公共品理论（public goods theory）。与私人产品相比，纯公共产品具有典型的效用不可分割性、受益非排他性、取得方式非竞争性和提供目的非营利性的特点。

依据公共品的特殊属性，区域创新应属于准公共品，具有部分公共品的属性。其主要原因在于：区域创新既是一个复杂的投入—产出的过程，也是一个由公共产品向混合产品、私人产品转化的过程，意味着区域创新的不同阶段产品具有不同性质。一般意义上，区域创新主要包括知识型产品、专利型产品及实物型产品。其中，知识型科技创新产品具有明显的公共品性质，不同类型消费者能够同时使用该项知识型产品，并不会引起其边际成本的增加，而且研发主体无法阻止其他消费者的"搭便车"行为，表现出明显的使用上的非排他性和消费上的非竞争性，同时也表现出较为明显的溢出效应和外部性。当以专有技术或者实物为创新产品，其具有明显的混合产品甚至私人产品的性质，研发主体能够通过专利授权形式获得相应的保护，对专有技术或实物模型具有一定垄断权，但同时竞争对手仍然可以比较容易模仿或复制相似技术，使得专利型创新产品逐步走向公开。同时，区域创新投入也具有高风险性和收益不确定性的特点，私人部门也难以承担高额研发创新成本，而且容易受到市场竞争环境、创新成果转化成本等因素制约，导致自主研发投入收益率较低。

企业作为一种典型的营利性部门，以追逐利益最大化为核心战略，对高投入、高风险、收益不确定性科技创新的积极性必然不是很高，无疑会对区域整体创新水平、核心竞争力造成一定影响，仅仅依靠市场也难以调动企业创新的投资欲望。现实中，由于区域创新活动是一个复杂的投入—产出过程，在此过程中不同阶段的创新产品是否属于公共品也难以作出科学合理地界定，无论是公共产品、混合产品还是私人产品，完全由市场机制配置都容易引发创新领域产品供给不足，甚至在区域创新过程中容易出现"市场失灵"现象。

二、外部性理论

关于"外部性"的概念最早由英国经济学家马歇尔（Marshall，1890）在《经济学原理》一书中阐述的"外部经济"。随后庇古（1912）在《财富与福利》一书中从福利经济学的视角系统地阐述了何谓"外部性"。作为一种相对普遍的经济现象，它主要是指某一经济主体的经济活动的成本或收益会对其他经济主体产生非市场性的影响，意味着无法将这种非市场性的影响计入正常市场交易的成本和收益中，进一步说明市场机制无法有效纠正和解决个体经济行为对其他经济主体所带来的利益或者损害，其他经济主体也无法获得相应的报酬和补偿。从福利经济学角度看，外部性实质上是私人与社会之间的成本收益不一致的必然结果。具体来说，个体经济行为对其他个体产生了额外收益的正外部性，也是不能通过市场交易机制向受益者索取相应的报酬；若个体经济行为对其他经济主体产生了额外成本的负外部性，也无法通过市场交易机制向受损者提供相应的补偿。因此，无论经济主体的经济行为产生了正外部性还是负外部性，二者都不能实现资源配置的帕累托效率，这种经济现象势必导致市场资源配置效率降低。

基于外部性的视角，区域创新具有典型的正外部性，又称为区域创新的"溢出效应"，说明政府参与创新活动可以为其他经济主体带来额外的权利并伴有经济利益增加的现象（胡元聪和王俊霞，2013）。但区域创新活动也具有负外部效应，主要表现在技术、市场和利益 3 个方面。当创新研发产品进入市场时，相对不健全、不完善的政府或者市场知识产权保护政策引发潜在行业竞争者的"搭便车"行为，其他经济主体不愿意为创新产品中具有公共性创新知识的支付应用和生产费用，更不愿意承担生产过程中的成本和风险，进而导致创新研发产品难以获得预期的经济效益。尤其是从事企业技术研发活动的人力资本流失也可能导致企业科技研发活动的技术外溢。其主要原因可能是：由于掌握科技创新核心知识的高级人才可能为了追逐个人利益，或者具有违背市场道德的行为而选择将部分创新产品产权应用于同样的生产经营活动，这种现象无疑会侵占技术研发产品的市场份额，从而降低了技术创新产品的预期收益。

现实中，企业原始技术研发产品被二次创新模仿或知识产权流失的现象大量存在，势必挤占或压缩企业技术研发产品的新市场，这些问题不仅导致企业创新研发产品的经济效益损失，也会影响企业继续开展技术研发活动的积极性和主动性，从而也会降低整个社会的创新动力、能力、水平及福利。根据凯恩斯的经济学相关理论，市场机制自身存在一定的内在缺陷，无法有效解决外部效应问题。不同阶段创新研发成果都具有明显外部溢出效应，往往会对区域创新偏好产生一定抑制效应，企业之间"搭便车"行为和制定创新决策时的博弈使企业难以达到最优创新规模，进而导致区域创新活动的规模效率损失（李政和杨思莹，2018）。

三、公共选择理论

"公共选择理论"最早由维克塞尔（Wincksell，1987）在《财政理论研究》论文中阐述，认为公共选择理论主要包括 3 个构成要素：方法论上的个人主义、经济人和看作交易的政治。但学界普遍认同詹姆斯·布坎南是"公共选择理论"的领袖人物，认为公共选择是一种政治上的观点，它借助经济学研究的工具和方法因应用于集体或非市场决策而产生（Buchanan，1987）。丹尼斯·缪勒（1999）则将公共选择理论理解为非市场决策的经济研究。该理论为研究非市场决策下的地方政府行为提供重要理论支撑，认为公共决策是地方政府作为"经济人"抉择的，意味着地方政府有可能在追求个人利益最大化而忽视社会福利的增加下作出相应的公共决策，意味着地方政府也不能一直考虑公共福利的增加。作为"经济人"的地方政府也会追求个人利益最大化（如晋升、工资和福利等）而理性作出有利于自身利益的公共决策，也会选择向上级部门汇报和传递对己有利的信息和决策。

地方政府在区域创新相关准公共产品和服务供给过程中扮演着重要角色，特别是政府财政科技支出为区域创新的基础研究、科研转化和市场推广提供了重要保障。按照公共选择理论中的"经济人"和看作交易的政治，地方官员往往表现出兼具"经济人"和"政治人"的双重属性，既追求经济利益最大化，又追求政治利益最大化（李政和杨思莹，2019）。为了实现自身利益最大化和获取政治晋升机会，地方政府倾向于将更多财政资源要素投入具有带动经济增长属性的基础设施建设领域。那么，随着我国财政科技支出规模的不断增加，政府也会对利己的某方面或者领域产生创新偏好，对非利己方面会有所缩减。相对不健全的财政体制和不完善的内、外部监督机制进一步固化了政府创新偏好，进一步强化了政府官员"经济人"和"政治人"的特性，逐步建立起理智的、经济而且有效的财政科技支出安排，无疑对政府财政科技支出效率产生一定影响。

四、委托—代理理论

国外委托—代理理论兴起于 20 世纪 60 年代末，该理论主要强调委托人被动承担代理人的行为后果，以及二者之间相互作用结果和调整。在 20 世纪 70 年代初，一些学者建立了委托代理的数学模型（Spence，1973）。随后，米尔利斯（Mirrlees，1976）和格罗斯曼等（Grossman et al.，

1983）进一步修正和完善了委托—代理的数学模型，使这一模型得到进一步推广和应用。然而，霍姆斯特罗姆和米尔格罗姆（Holmstrom and Milgrom，1991）通过建立委托—代理理论的参数化模型，分析地方政府作为"代理人"和中央政府作为"委托人"之间关系、激励和行为后果的问题。

　　国内委托—代理理论最早主要阐述国有企业改革问题，但随着委托—代理理论的不断完善，这一理论也被逐渐应用到我国政府治理过程中，实质上是公共资源分配的过程，但由于上下级信息的不对称，以及社会整体性分工和职业化的出现，导致一些公共部门出现一定目标冲突和信息不对称的现象，说明公共部门与国有企业的委托关系具有一定相似性。显然，人民是公共资源分配的初始委托人，中央政府和地方政府是"自上而下"的委托—代理关系（赵蜀蓉等，2014）。

第三章

中国财政分权与区域创新
水平：现状考察

第一节 中国财政分权概况

财政分权作为中国财政体制改革过程中具有"里程碑"的意义，为中央和地方财政关系提供了一个更加规范科学的制度平台，有效地发挥中央和地方两方面积极性。本书梳理新中国成立以来中央和地方财政关系调整历程，尤其是 1994 年分税制改革以来，中央和地方财政关系呈现的基本特征以及选择财政收入、支出和税收分成三个方面考察中国财政分权体制的改革效果。

一、中央和地方间财政关系调整历程

根据集权和分权之间的平衡，中央和地方间财政关系大致可以划分为三个阶段：一是 1950～1979 年的高度集权的统收统支时期；二是1980～1993 年的财政包干制时期；三是 1994 年至今的分税制时期。

（一）统收统支制（1950～1979 年）

在 1950～1979 年计划经济时期，整体上中央和地方财政关系一直呈现一种中央高度集权的财政管理体制。在当时历史条件下，国家需要集中一切力量办大事，充分调动全社会资源来迅速恢复国民经济、稳定物价和平衡预算收支，于 1950 年建立了地方组织的财政收入全部上缴中央，地方支出由中央统一拨付的高度集权统收统支的管理体制，这是特定历史发展的必然结果，显然抑制了地方的积极性。1951 年将统收统支改为以收定支、统一领导的模式，并实行中央、省、县三级预算管理体制。随后这种统收统支管理体制发生多次变动，具体财政管理体制演变（见表 3－1）。如 1958 年的以收定支的中央与地方比例分成的行政性分权、1959～1969 年的总额分成、1971～1975 年的定收定支、1976～1979 年的"增收分成、收支挂钩"。

表 3－1　　　　　　　　1950～1979 年中国财政管理体制演变

时间阶段	各阶段财政管理体制内容
1950	高度集权、统收统支
1951～1957	划分收支、分级管理
1958	以收定支
1959～1970	收支下放、计划包干、总额分成
1971～1975	定收定支、收支包干、保证上缴、结余留用
1976～1979	定收定支、增收分成、收支挂钩

资料来源：李萍：《中国政府间财政关系图解》，中国财政经济出版社 2006 年版。

表 3－2 显示中央和地方本级财政收入分别占全国财政收入比重。结果显示：1953～1958 年的统收统支时期，中央本级财政收入占全国财政收入比重始终保持在 70% 以上。在 1959 年开始实行收支下放、总额分成的系列改革，1959～1970 年连续 10 多年中央本级财政收入占比一直低于 30%，呈现断崖式的变化趋势。随后 1971～1979 年中央本级

财政收入占比一直保持在 15% 左右，这说明了地方组织的财政收入逐渐成为全国财政收入的重要来源。

表 3 − 2   1953 ~ 2020 年中央和地方财政收入及比重

年份	财政收入（亿元）			比重（%）	
	全国	中央	地方	中央	地方
1953	213.24	177.02	36.22	83.0	17.0
1954	245.17	187.72	57.45	76.6	23.4
1955	249.27	193.44	55.83	77.6	22.4
1956	280.19	222.10	58.09	79.3	20.7
1957	303.20	222.94	80.26	73.5	26.5
1958	379.62	305.26	74.36	80.4	19.6
1959	487.12	118.78	368.34	24.4	75.6
1960	572.29	142.80	429.49	25.0	75.0
1961	356.06	76.65	279.41	21.5	78.5
1962	313.55	93.07	220.48	29.7	70.3
1963	342.25	78.92	263.33	23.1	76.9
1964	399.54	100.81	298.73	25.2	74.8
1965	473.32	156.07	317.25	33.0	67.0
1966	558.71	196.49	362.22	35.2	64.8
1967	419.36	132.44	286.92	31.6	68.4
1968	361.25	107.11	254.14	29.6	70.4
1969	526.76	171.10	355.66	32.5	67.5
1970	662.90	182.95	479.95	27.6	72.4
1971	744.73	119.36	625.37	16.0	84.0
1972	766.56	105.81	660.75	13.8	86.2
1973	809.67	119.86	689.81	14.8	85.2
1974	783.14	134.77	648.37	17.2	82.8
1975	815.61	96.63	718.98	11.8	88.2

续表

年份	财政收入（亿元）			比重（%）	
	全国	中央	地方	中央	地方
1976	776.58	98.91	677.67	12.7	87.3
1977	874.46	113.85	760.61	13.0	87.0
1978	1 132.26	175.77	956.49	15.5	84.5
1979	1 146.38	231.34	915.04	20.2	79.8
1980	1 159.93	284.45	875.48	24.5	75.5
1981	1 175.79	311.07	864.72	26.5	73.5
1982	1 212.33	346.84	865.49	28.6	71.4
1983	1 366.95	490.01	876.94	35.8	64.2
1984	1 642.86	665.47	977.39	40.5	59.5
1985	2 004.82	769.63	1 235.19	38.4	61.6
1986	2 122.01	778.42	1 343.59	36.7	63.3
1987	2 199.35	736.29	1 463.06	33.5	66.5
1988	2 357.24	774.76	1 582.48	32.9	67.1
1989	2 664.90	822.52	1 842.38	30.9	69.1
1990	2 937.10	992.42	1 944.68	33.8	66.2
1991	3 149.48	938.25	2 211.23	29.8	70.2
1992	3 483.37	979.51	2 503.86	28.1	71.9
1993	4 348.95	957.51	3 391.44	22.0	78.0
1994	5 218.10	2 906.50	2 311.60	55.7	44.3
1995	6 242.20	3 256.62	2 985.58	52.2	47.8
1996	7 407.99	3 661.07	3 746.92	49.4	50.6
1997	8 651.14	4 226.92	4 424.22	48.9	51.1
1998	9 875.95	4 892.00	4 983.95	49.5	50.5
1999	11 444.08	5 849.21	5 594.87	51.1	48.9
2000	13 395.23	6 989.17	6 406.06	52.2	47.8
2001	16 386.04	8 582.74	7 803.30	52.4	47.6

年份	财政收入（亿元）			比重（%）	
	全国	中央	地方	中央	地方
2002	18 903.64	10 388.64	8 515.00	55.0	45.0
2003	21 715.25	11 865.27	9 849.98	54.6	45.4
2004	26 396.47	14 503.10	11 893.37	54.9	45.1
2005	31 649.29	16 548.53	15 100.76	52.3	47.7
2006	38 760.20	20 456.62	18 303.58	52.8	47.2
2007	51 321.78	27 749.16	23 572.62	54.1	45.9
2008	61 330.35	32 680.56	28 649.79	53.3	46.7
2009	68 518.30	35 915.71	32 602.59	52.4	47.6
2010	83 101.51	42 488.47	40 613.04	51.1	48.9
2011	103 874.43	51 327.32	52 547.11	49.4	50.6
2012	117 253.52	56 175.23	61 078.29	47.9	52.1
2013	129 209.64	60 198.48	69 011.16	46.6	53.4
2014	140 370.03	64 493.45	75 876.58	45.9	54.1
2015	152 269.23	69 267.19	83 002.04	45.5	54.5
2016	159 604.97	72 365.62	87 239.35	45.3	54.7
2017	172 592.77	81 123.36	91 469.41	47.0	53.0
2018	183 359.84	85 456.46	97 903.38	46.6	53.4
2019	190 390.08	89 309.47	101 080.61	46.9	53.1
2020	182 913.88	82 770.72	100 143.16	45.3	54.7

注：中央、地方财政收入均为本级收入；本表数字不包括国内外债务收入。
资料来源：各年度《中国财政年鉴》。

在财政支出方面，表3-3显示1953~1957年中央本级财政支出占比超过70%，1958~1961年平均占比为45%，这一阶段中央本级财政支出占比呈现正U形变动轨迹。随后1963~1979年中央层面的占比呈现先上升、后一直保持缓慢下降的趋势，但其平均占比仍然保持在55%以上，进一步可以说明中央层面仍然控制着全国财政支出规模，侧面也反映了这一阶段仍然抑制地方的积极性。总体而言，这一阶段财政体制在一定程度上反映了中央和地方财政分权的意蕴，但仍然体现出高度集权的财政体制，即中央政府统一制定预算收支计划，统一拨款满足经济社会各个方面支出。

表3-3 　　　　　　1953～2020年中央和地方财政支出及比重

年份	财政支出（亿元）			比重（%）	
	全国	中央	地方	中央	地方
1953	219.21	162.05	57.16	73.9	26.1
1954	244.11	183.70	60.41	75.3	24.7
1955	262.73	201.05	61.68	76.5	23.5
1956	298.52	210.02	88.50	70.4	29.6
1957	295.95	210.03	85.92	71.0	29.0
1958	400.36	177.22	223.14	44.3	55.7
1959	543.17	249.34	293.83	45.9	54.1
1960	643.68	278.63	365.05	43.3	56.7
1961	356.09	160.32	195.77	45.0	55.0
1962	294.88	181.64	113.24	61.6	38.4
1963	332.05	192.31	139.74	57.9	42.1
1964	393.79	224.86	168.93	57.1	42.9
1965	459.97	284.17	175.80	61.8	38.2
1966	537.65	339.11	198.54	63.1	36.9
1967	439.84	269.94	169.90	61.4	38.6
1968	357.84	219.49	138.35	61.3	38.7
1969	525.86	319.16	206.70	60.7	39.3
1970	649.41	382.37	267.04	58.9	41.1
1971	732.17	435.67	296.50	59.5	40.5
1972	765.86	431.40	334.46	56.3	43.7

续表

年份	财政支出（亿元）			比重（%）	
	全国	中央	地方	中央	地方
1973	808.78	449.33	359.45	55.6	44.4
1974	790.25	397.84	392.41	50.3	49.7
1975	820.88	409.40	411.48	49.9	50.1
1976	806.20	377.63	428.57	46.8	53.2
1977	843.53	393.70	449.83	46.7	53.3
1978	1 122.09	532.12	589.97	47.4	52.6
1979	1 281.79	655.08	626.71	51.1	48.9
1980	1 228.83	666.81	562.02	54.3	45.7
1981	1 138.41	625.65	512.76	55.0	45.0
1982	1 229.98	651.81	578.17	53.0	47.0
1983	1 409.52	759.60	649.92	53.9	46.1
1984	1 701.02	893.33	807.69	52.5	47.5
1985	2 004.25	795.25	1 209.00	39.7	60.3
1986	2 204.91	836.36	1 368.55	37.9	62.1
1987	2 262.18	845.63	1 416.55	37.4	62.6
1988	2 491.21	845.04	1 646.17	33.9	66.1
1989	2 823.78	888.77	1 935.01	31.5	68.5
1990	3 083.59	1 004.47	2 079.12	32.6	67.4
1991	3 386.62	1 090.81	2 295.81	32.2	67.8
1992	3 742.20	1 170.44	2 571.76	31.3	68.7
1993	4 642.30	1 312.06	3 330.24	28.3	71.7
1994	5 792.62	1 754.43	4 038.19	30.3	69.7
1995	6 823.72	1 995.39	4 828.33	29.2	70.8
1996	7 937.55	2 151.27	5 786.28	27.1	72.9
1997	9 233.56	2 532.50	6 701.06	27.4	72.6

续表

年份	财政支出（亿元）			比重（%）	
	全国	中央	地方	中央	地方
1998	10 798.18	3 125.60	7 672.58	28.9	71.1
1999	13 187.67	4 152.33	9 035.34	31.5	68.5
2000	15 886.50	5 519.85	10 366.65	34.7	65.3
2001	18 902.58	5 768.02	13 134.56	30.5	69.5
2002	22 053.15	6 771.70	15 281.45	30.7	69.3
2003	24 649.95	7 420.10	17 229.85	30.1	69.9
2004	28 486.89	7 894.08	20 592.81	27.7	72.3
2005	33 930.28	8 775.97	25 154.31	25.9	74.1
2006	40 422.73	9 991.40	30 431.33	24.7	75.3
2007	49 781.35	11 442.06	38 339.29	23.0	77.0
2008	62 592.66	13 344.17	49 248.49	21.3	78.7
2009	76 299.93	15 255.79	61 044.14	20.0	80.0
2010	89 874.16	15 989.73	73 884.43	17.8	82.2
2011	109 247.79	16 514.11	92 733.68	15.1	84.9
2012	125 952.97	18 764.63	107 188.34	14.9	85.1
2013	140 212.10	20 471.76	119 740.34	14.6	85.4
2014	151 785.56	22 570.07	129 215.49	14.9	85.1
2015	175 877.77	25 542.15	150 335.62	14.5	85.5
2016	187 755.21	27 403.85	160 351.36	14.6	85.4
2017	203 085.49	29 857.15	173 228.34	14.7	85.3
2018	220 904.13	32 707.81	188 196.32	14.8	85.2
2019	238 858.37	35 115.15	203 743.22	14.7	85.3
2020	245 679.03	35 095.57	210 583.46	14.3	85.7

注：（1）中央、地方财政支出均为本级支出。

（2）2000 年以前，财政支出不包括国内外债务还本付息支出和利用国外借款收入安排的基本建设支出；从 2000 年起，财政支出中包括国内外债务付息支出。

（二）财政包干制（1980～1993 年）

改革开放初期，经济建设成为国家重要任务。由于该特定历史条件导致了中央财政连续多年出现"赤字"现象，长期"收不抵支"现象造成了中央财政巨大的压力。为了更好地发挥地方政府的积极性和减轻中央政府财政赤字压力，中央政府开始向地方下放一定财权。

1980 年国务院颁布《关于实行划分收支、分级包干的财政管理体制的暂行规定》，这一规定表明"大锅饭"的财政体制正式向"分灶吃饭"的财政体制过渡。1980～1993 年我国财政管理体制演变（见表 3-4）。根据不同地区具体实际情况实行不同的"分灶吃饭"模式，如收入递增包干、总额分成加增长分成、上解递增包干、收入递增包干、总额分成加增长分成和上解递增包干等模式，这些不同模式实质上都属于一种中央与地方固定比例的收入分享制。现实中，这种"分灶吃饭"的财政体制尚未根本缓解中央政府连续多年财政赤字的压力。

表 3-4 　　　　　　　　　1980～1993 年中国财政管理体制演变

时间阶段	各阶段的财政管理体制内容
1980～1984	划分收支、分级包干
1985～1987	划分税种、核定收支、分级包干
1988～1993	多种分成、分级包干

资料来源：项怀诚：《中国财政体制改革六十年》，载于《中国财政》2009 年第 19 期。

具体而言，1980～1993 年中央本级财政收入占比维持在 31% 左右，呈现"先上升、后下降"的倒 U 形变化趋势（见表 3-2），进一步说明了中央财政本级收入占比不断减少的同时，一定程度上抑制了中央对经济建设的投入，地方政府仍然存在严重的预算软约束问题。虽然这一阶段中央政府财权的下放一定程度上削弱了中央政府对地方政府的控制，但实现了地方政府预算外财政收入的持续增长。

表 3-3 显示这一阶段中央本级财政支出占全国财政支出比重一直

呈现下降状态，1993 年仅为 28.3%，意味着地方本级财政支出占比一直呈现快速增加的趋势，进一步说明了地方政府一直承担较大的财政支出压力。

（三）分税制（1994 年至今）

由于"分灶吃饭"财政管理体制的弊端不断暴露，为了改善连续多年财政赤字的压力，中央开始推行实施分税制，其主要内容包括中央和地方财权、事权以及税收征收的范围。首先，界定了中央与地方事权和支出责任的范围，划分中央税、地方税及央地共享税，建立了中央本级和地方本级税务征管机构。为了更好缩小区域财政能力差距，建立了中央对地方的转移支付制度（一般性转移支付、专项转移支付），以税收返还和专项补贴的形式予以支持。其次，在税种划分方面，推行以增值税为主体的间接税，统一个人所得税、增值税和资源税为央地共享税。

1992 年，部分省市地区开始试行分税制改革，1994 年，全国全面实施分税制改革以来，中央政府财政收入有了明显的改善，财政收入占比立刻呈现"火箭式"的回升状态。表 3-2 显示了 1994~2020 年中央本级财政收入占全国财政收入比重始终保持在 45% 以上，且保持了相对平稳的变动趋势，意味着地方本级财政收入也处于比较稳定状态。

其主要原因可能是：中央和地方政府间激励相容，以及相对明确的税种划分很大程度上保障了央地间税收努力的不冲突。作为共享税的增值税与地方经济发展紧密联系，地方政府为了更好完成既定的税收计划选择扩大增值税税基，既有利于发挥地方政府积极性，也能够增进中央政府财政收入。

具体而言，1994~2010 年中央本级财政支出占全国财政支出比重的均值为 22.22%，呈现不断下降的趋势，尤其是 2010~2020 年大约维持在 15%，侧面反映了地方本级财政支出占比偏高（见表 3-3），说明了地方政府成为全国性财政支出责任的主要承担者。其主要原因可能是：中央和地方财政支出责任范围仍然相对模糊，地方政府承担了更多全国性支出事权，无疑进一步加剧了地方政府持续面临的巨大的财政支出压力，间接地引发地方大规模举债、预算外收入持续增长，以满足全国性财政支出责任的需求。

二、中央和地方间财政关系演变的基本特点

通过界定中国财政分权的内涵和梳理中国财政分权的演变历程，不难看出，中国现行财政分权体制根植于中国特色政治、经济、文化和社会制度的基础之上，富有鲜明的中国特色，主要特点如下（见表3-5）。

表3-5 财政分权体制演变的基本特征

要素	中国财政分权	传统财政分权
动力维度	供给驱动	需求驱动
纵向维度	"自上而下"	"自下而上"
结构维度	经济（财政）分权	政治和经济双重分权
机制维度	约束机制规范	约束机制健全
法治维度	法治体系不断完善	法治基础相对完善

资料来源：笔者整理。

（一）演变路径方面

从目标和动力上看，传统理论中的财政分权主要是以需求驱动为主，呈现一种"自下而上"的分权模式，这种分权模式可以更好发挥地方政府的积极性，更加了解辖区居民偏好、供给成本与收益等信息，无疑能够更加高效、公平地提供优质的公共产品和服务，且还有利于基层民众合理表达民生诉求，积极推动基层民主政治发展（谷成，2009）。中国财政分权的演变历程显然属于典型的"自上而下"供给驱动模式，这种"自上而下"的分权模式有利于保证中央财政收入稳定，通过将权力下放、委托或授权给地方政府，最终实现有限资源的高效配置目

标。从央地间财政关系调整目的上看，财政分权实质上是保障中央政府强有力的宏观调控，使中央政府能够获取足够的财政资源，尤其是中央政府在重大行政决策中发挥着关键的主导性作用，各项改革措施都由中央政府制定政策，地方政府负责具体政策的执行（刘卓珺和于长革，2010），意味着在分权模式下地方政府为代理人，中央政府是委托人，合理的理论框架应该是委托代理理论。因此，中国的财政分权是"自上而下"供给驱动型分权。

（二）分权结构方面

中国现行财政分权体制与传统理论中的财政分权具有一定差异。传统理论中的财政分权具有相对独立的政治和经济双重分权的制度空间，辖区官员产生机制主要由辖区居民投票决定，地方官员的重心在于获得辖区居民选票最大化，且对辖区居民负责而不是上级政府。中国现行财政分权体制是在政治和经济分权并存的制度空间内，主要是经济（财政）分权，且地方官员产生机制主要由上级根据政绩考核结果决定的，所以地方官员的重心在于满足上级政府的政绩考核要求。现实中，中国式经济（财政）分权能够实现中央通过人事选拔、任免实现对地方官员的控制、激励、监督和考核。毫无疑问，地方政府也一定会充分贯彻中央政府的方针和政策，充分体现中央政府的经济发展意愿。同时，经济分权使地方政府拥有了经济发展的积极性和财政收支决策的自主权，地方政府也拥有了相对独立的利益主体地位。因此，中国式财政分权为中央对地方的政绩考核和经济分权下地方追求利益最大化提供了重要保障，既能充分调动了地方政府的积极性，又出现了横向地方政府间为晋升而竞争的现象。

（三）约束机制方面

传统理论中的财政分权着重强调实现辖区选民选票的最大化，"用手投票"与"用脚投票"机制可以对"坏"辖区政府进行监督，有利于实现政府有效提供公共服务。中国式财政分权下，地方政府官员的选拔和任命机制，以及其他方面的因素造成中国财政分权的约束机制难以发挥效应，在一定程度上制约了地方政府间在公共服务方面的竞争。

（四）法治基础方面

传统理论中的财政分权体制都在相对完善的法律体系保障下运行的，在法律层面上明确界定了中央和地方财政关系，事权和支出责任的范围。譬如美国宪法和《德国基本法》都在宪法层面对中央和地方财政关系作出了详细说明。日本也在一般法律层面对中央和地方间财政关系进行具体安排，如《财政法》《地方财政法》和《地方转移支付法》等。中国式财政分权体制的法治基础仍需进一步加强，从"统收统支""财政包干"到"分税制"一定程度上反映了中央和地方政府的地位和作用，以及上下级政府间权责划分等方面都需要法律法规加以约束。同时，地方政府也有可能偏离中央层面意志，转而追求地方官员个人效用的最大化，这种行为不一致现象容易引发政府间财政关系不稳定。

三、中央和地方间财政分权程度

基于收入分权、支出分权和税收分成 3 个指标描述财政分权程度（见表 3-4）。其中，用地方本级人均财政支出占地方本级人均财政支出与中央本级人均财政支出之和的比重表示财政支出分权程度；用地方本级人均财政收入占地方本级人均财政收入与中央本级人均财政收入之和的比重表示财政收入分权程度；全国税务部门地方级收入占全国税务部门组织收入比重来衡量税收分成程度。

首先，基于收入自主权的视角显示 1994～2020 年中国财政分权的均值为 0.4969，总体水平相对偏低，标准差为 0.0331，变异系数为 0.0666，说明了 1994～2020 年中国财政收入分权的纵向年份相对离散程度偏低，最大值为 2020 年 0.5475，最小值为 1994 年 0.4431，同比增长了 23.56%。

其次，基于支出自主权的视角显示 1994~2020 年中国财政分权的增长速度较快，平均值为 0.7748，总体水平相对偏高，由 1994 年的 0.6971 提高到 2020 年的 0.8571，同比增长了 22.95%，标准差为 0.0692，变异系数为 0.0893，也说明 1994~2020 年中国财政支出分权的纵向年份相对离散程度偏低，最大值为 2020 年的 0.8571，最小值为 2000 年的 0.6525。

再次，表 3-6 显示中国财政支出分权一直高于财政收入分权，说明财政收入和财政支出两方面存在一定结构性矛盾。从中央和地方本级财政支出比重上看，1994~2020 年地方政府本级财政支出占比由 0.6971 提高到 0.8571，同比增长 22.95%，2012~2020 年地方政府本级财政支出占比连续 9 年超过了 85%。与此同时，中央政府本级财政支出比重由 1994 年的 30.3% 下降到 2020 年的 14.3%，2012~2020 年中央政府本级财政支出占比连续 9 年低于 15%（杨志安和邱国庆，2019）。其主要原因可能在于：中央层面将更多全国性事权下放给基层政府以及财权逐渐向上转移导致地方本级财政收入分权偏低，地方本级事权支出责任比重逐步偏高成为引致基层政府财权与事权不匹配的重要原因之一，进而加剧了基层政府财政收支压力。

表 3-6　　　　　　　1994~2020 年中央和地方财政分权程度

年份	财政收入分权	财政支出分权	税收分成	财政支出分权－财政收入分权
1994	0.4430	0.6971	0.4476	0.2541
1995	0.4783	0.7076	0.4692	0.2293
1996	0.5058	0.7290	0.4991	0.2232
1997	0.5114	0.7257	0.4860	0.2143
1998	0.5047	0.7105	0.4792	0.2059
1999	0.4889	0.6851	0.4673	0.1962
2000	0.4782	0.6525	0.4391	0.1743

续表

年份	财政收入分权	财政支出分权	税收分成	财政支出分权－财政收入分权
2001	0.4762	0.6949	0.4691	0.2186
2002	0.4504	0.6929	0.3867	0.2425
2003	0.4536	0.6990	0.3605	0.2454
2004	0.4506	0.7229	0.3578	0.2723
2005	0.4771	0.7414	0.3614	0.2642
2006	0.4722	0.7528	0.3619	0.2806
2007	0.4593	0.7702	0.3594	0.3108
2008	0.4671	0.7868	0.3731	0.3197
2009	0.4758	0.8001	0.3768	0.3242
2010	0.4887	0.8221	0.3806	0.3334
2011	0.5059	0.8488	0.3892	0.3430
2012	0.5209	0.8510	0.4255	0.3301
2013	0.5341	0.8540	0.4463	0.3199
2014	0.5405	0.8513	0.4539	0.3108
2015	0.5451	0.8548	0.4584	0.3097
2016	0.5466	0.8540	0.4630	0.3074
2017	0.5300	0.8530	0.4387	0.3230
2018	0.5339	0.8519	0.4449	0.3180
2019	0.5309	0.8531	0.4454	0.3222
2020	0.5475	0.8571	0.4481	0.3096
平均值	0.4969	0.7748	0.4255	0.2779
标准差	0.0331	0.0692	0.0451	0.0491
变异系数	0.0666	0.0893	0.1061	0.1769

资料来源：相关年份《中国统计年鉴》及其计算。

最后，基于税收分成的视角显示财政分权程度相对偏低，整体上呈现"先降低、后上升"的变动轨迹，由 1994 年的 0.4476 到 2020 年的 0.4387，最大值是 1995 年的 0.4991，最小值是 2003 年的 0.3578，均值为 0.4255，标准差为 0.0451，变异系数为 0.1061，说明了这段时期财政分权程度尚未发生剧烈波动，与财政收入分权变化趋势基本保持一致，也说明了地方本级财政收入分权相对偏低，中央本级财政收入分权偏高，间接地说明了地方本级仍然存在相对偏高的财政压力。

可见，基于财政收入分权、支出分权和税收分成的视角显示了财政分权具有一定"非均衡性"特征，存在财政分权的结构性矛盾，意味着中央政府与地方政府间财权和事权亟须进一步调整。

表 3-7 显示 1994~2017 年地方财政分权程度。根据国家统计局对东部（京、津、冀、辽、沪、苏、浙、闽、鲁、粤、琼）、中部（晋、吉、黑、皖、赣、豫、鄂、湘）、西部（蒙、桂、渝、川、黔、滇、陕、藏、甘、宁、新、青）三大地区的现行分类方法，分析各地区间财政分权程度差异。结果表明，东部地区财政收入分权平均值为 0.6026，最大值为 0.9177，最小值为 0.0515，标准差为 0.1442，变异系数为 0.2393；财政支出分权平均值为 0.8149，最大值为 0.9374，最小值为 0.5882，标准差为 0.0851，变异系数为 0.1044。在中部地区，财政收入分权平均值为 0.3962，最大值为 0.6731，最小值为 0.1407，标准差为 0.0793，变异系数为 0.2002；财政支出分权平均值为 0.7375，最大值为 0.8726，最小值为 0.5169，标准差为 0.0977，变异系数为 0.1325。在西部地区，财政收入分权平均值为 0.3957，最大值为 0.7281，最小值为 0.0094，标准差为 0.1021，变异系数为 0.2581；财政支出分权平均值为 0.7931，最大值为 0.9619，最小值为 0.5515，标准差为 0.1021，变异系数为 0.1287。无论是财政收入分权还是财政支出分权，东部地区最高，西部地区次之，中部地区最低，同时也说明地区间财政分权也具有"非均衡性"的特征，出现财政收支的结构性偏差，这与全国层面的结果基本保持一致。

1994~2020 年，财政收入分权的最大值为上海市的 0.8264，最小值为甘肃省的 0.3196。财政支出分权的最大值为北京市的 0.9374，最小值为安徽省的 0.5169，意味着各地区财政收支分权仍然存在相对较大差距。与此同时，中部和西部地区财政收支分权的"非均衡性"偏高，超过了 0.3，明显高于东部地区。

表 3 - 7　　　　　　　　　1994 ~ 2017 年地区间财政分权程度

地区	财政收入分权					财政支出分权				
	均值	最大值	最小值	标准差	变异系数	均值	最大值	最小值	标准差	变异系数
北京	0.7941	0.8685	0.4207	0.0824	0.1038	0.9136	0.9374	0.8578	0.0197	0.0216
天津	0.7069	0.8268	0.2077	0.1035	0.1464	0.8788	0.9236	0.8142	0.0322	0.0366
河北	0.4023	0.5541	0.2895	0.0494	0.1228	0.7186	0.8296	0.5882	0.0785	0.1092
山西	0.4561	0.6112	0.2254	0.0702	0.1539	0.7602	0.8548	0.6139	0.0774	0.1018
内蒙古	0.4979	0.6113	0.1798	0.1009	0.2027	0.8261	0.9089	0.7056	0.0715	0.0866
辽宁	0.5627	0.7527	0.3479	0.0726	0.1290	0.8205	0.8877	0.7389	0.0402	0.0490
吉林	0.4258	0.6287	0.1407	0.0794	0.1865	0.7983	0.8726	0.6897	0.0603	0.0755
黑龙江	0.4209	0.6731	0.2009	0.0828	0.1967	0.7903	0.8722	0.7011	0.0548	0.0693
上海	0.8264	0.9177	0.5283	0.0642	0.0777	0.9258	0.9368	0.8988	0.0101	0.0109
江苏	0.5844	0.6681	0.4457	0.0631	0.1080	0.7812	0.8681	0.6495	0.0791	0.1013
浙江	0.5972	0.6823	0.4573	0.0554	0.0928	0.7967	0.8745	0.6841	0.0607	0.0762
安徽	0.3722	0.4776	0.2088	0.0724	0.1945	0.7015	0.8314	0.5169	0.1097	0.1564
福建	0.5321	0.6814	0.2547	0.0715	0.1344	0.7758	0.8501	0.6851	0.0571	0.0736
江西	0.3771	0.4928	0.1666	0.0797	0.2113	0.7205	0.8561	0.5508	0.1026	0.1424
山东	0.4904	0.5936	0.3912	0.0369	0.0752	0.7357	0.8215	0.6105	0.0713	0.0969
河南	0.3451	0.4814	0.2758	0.0492	0.1426	0.6836	0.8092	0.5232	0.1042	0.1524
湖北	0.4041	0.5389	0.2288	0.0722	0.1787	0.7306	0.8534	0.5861	0.0948	0.1298
湖南	0.3691	0.5435	0.2381	0.0603	0.1634	0.7151	0.8358	0.5518	0.0961	0.1344
广东	0.6381	0.7692	0.5806	0.0463	0.0726	0.8196	0.8656	0.7572	0.0291	0.0355
广西	0.3562	0.5251	0.1828	0.0554	0.1555	0.7188	0.8326	0.5633	0.0909	0.1265

续表

地区	财政收入分权					财政支出分权				
	均值	最大值	最小值	标准差	变异系数	均值	最大值	最小值	标准差	变异系数
海南	0.4936	0.6462	0.0515	0.1151	0.2332	0.7983	0.8882	0.6553	0.0781	0.0978
重庆	0.4541	0.5889	0.1687	0.1109	0.2442	0.7648	0.8827	0.5829	0.1072	0.1402
四川	0.3851	0.5362	0.2748	0.0663	0.1722	0.7168	0.8435	0.5515	0.1093	0.1525
贵州	0.3419	0.4604	0.1261	0.0875	0.2559	0.7232	0.8687	0.5613	0.1151	0.1592
云南	0.4174	0.7281	0.1981	0.0881	0.2111	0.7846	0.8561	0.6916	0.0565	0.0720
西藏	0.3351	0.5266	0.0094	0.1199	0.3578	0.9215	0.9619	0.8417	0.0343	0.0372
陕西	0.4199	0.5209	0.1787	0.0799	0.1903	0.7586	0.8669	0.6266	0.0934	0.1231
甘肃	0.3196	0.5138	0.0889	0.0688	0.2153	0.7597	0.8699	0.6287	0.0877	0.1154
青海	0.3868	0.5709	0.0261	0.0914	0.2363	0.8579	0.9364	0.7531	0.0651	0.0759
宁夏	0.4351	0.5566	0.0363	0.0981	0.2255	0.8274	0.9069	0.7166	0.0673	0.0813
新疆	0.4573	0.6087	0.1247	0.0833	0.1822	0.8281	0.9011	0.7033	0.0619	0.0747
东部地区	0.6026	0.9177	0.0515	0.1442	0.2393	0.8149	0.9374	0.5882	0.0851	0.1044
中部地区	0.3962	0.6731	0.1407	0.0793	0.2002	0.7375	0.8726	0.5169	0.0977	0.1325
西部地区	0.3957	0.7281	0.0094	0.1021	0.2581	0.7931	0.9619	0.5515	0.1021	0.1287

注：（1）样本数据港澳台地区暂未涵盖。
（2）重庆市样本数据范围为 1997～2020 年。
（3）由于重庆市 1994～1996 年样本数据缺失，西部地区暂未涵盖。

　　其主要原因可能是：中、西部地区经济发展速度相对缓慢，财政收支能力相对较弱，该地区仍然迫切需要依赖增长型财政支出分权体制。尤其是基层财权相对不足的情况下，地方政府会采取一些短视的财政行为，以实现预期的经济增长，如扩张性支出行为、过度性投资行为以及高额举债行为等，这些短视行为一定程度上加剧了地区间财政分权的"非均衡性"。

第二节　中国科技创新概况

近年来，中央和地方政府都加大了科技创新投入规模，逐步建立了相对完善的区域创新体系，科技创新专利产出及成果转化都取得了突出成绩，这也是我国科技创新体制改革的必然结果。这里，梳理中国科技创新体制改革的发展历程，总结中国科技创新体制改革的基本特征，以及从科技创新研发投入和科技创新专利产出两个方面考察中国科技创新水平的基本概况。

一、中国科技创新体制改革历程

现阶段中国科技创新发展在基础科学、工程技术、信息技术等多领域取得了长足进步，也实现了科技创新的历史性、整体性、格局性重大突破，一些重大创新成果竞相涌现。不可否认，这些成果与科技创新体制的不断改革密切相关。借鉴陈宝明和文丰安（2018）的做法，将中国科技创新体制改革历程大致划分为 4 个阶段，简单梳理中国科技创新体制发展历程及相关标志性事件，具体内容如下。

（一）第一阶段：科技创新体制重建与调整阶段（1985～1994 年）

这一阶段，经济建设已经成为国家工作的重点，原有科技体制弊端逐渐暴露，显然不适应该时期经济建设发展，科技创新体制进入了重建时期。这一阶段标志性事件是 1985 年中共中央发布《关于科学技术体制改革的决定》。该文件明确提出科技体制改革要以经济建设为方向，确定了科技创新体制与经济建设的关系，积极引导全国科技工作者必须面向经济建设的战略方针。

同时，对科技创新体制的管理体制、拨款制度、市场交易、经费管理和技术入股等方面也做出了系列重大改革措施，意味着中国科技创新体制改革进入了有领导、有组织、有计划的全面实施阶段（王宏伟和李平，2015）。科技创新体制重建与调整这一阶段主要是为了配合当下经济体制改革的需要，逐步破除传统计划体制下的科技创新管理体制，积极探索建立发挥市场机制作用的新型科技创新体制。

（二）第二阶段：科技创新体制市场化改革阶段（1995～2005 年）

随着我国社会主义市场经济确立以来，中央政府正在积极探索建立适应社会主义市场经济发展的科技创新体制，这一时期中央政府作出了一系列重大举措。如 1995 年的中共中央、国务院《关于加速科学技术进步的决定》。该文件明确提出"科教兴国"战略，确定"稳住一头，放开一片"的改革方针的同时，积极进行科研院所的分类改革，如1998 年的《中国科学院实施知识创新工程试点》。

随后 1999 年全国技术创新大会上颁布《关于加强技术创新、发展高科技、实现产业化的决定》。该文件推动了科技成果转化，大力发展科技中介服务机构，建立以企业为主体、产学研互动的技术创新体系和以科研机构、高等学校为主的科学研究体系以及社会化的科技服务体系等一系列重大发展举措（吕岩威和李平，2016）。

这一阶段科技创新体制改革的主要特征是：按照社会主义市场经济体制的目标要求继续推进科研院所改革，逐步确立企业技术创新的主体地位，加速推动科技创新成果产业化，并考虑对基础、公益类科研院所提供持续稳定的支持，健全的国家科技计划体系逐步形成。

（三）第三阶段：建设国家创新体系的阶段（2006～2015 年）

这一阶段科技创新体制改革的主要目的是积极探索建设国家创新体系，以 2006 年的《国家中长期科学和技术发展规划纲要（2006—2020年）》为标志。该文件确立了建设创新型国家的战略，进一步完善国家创新体系关键在于不断深化科技体制改革。如继续完善以企业为主体创新体系，建立现代化科研院所制度体系，激发全社会创新热情，最终建立起适合中国特色的创新体系。

随后在 2012 年的全国科技创新大会上，中共中央、国务院继续发布《关于深化科技体制改革加快国家创新体系建设的意见》。该文件首次提出要提高自主创新能力，确定 2020 年基本建成适应社会主义市场经济发展，符合科技发展规律的中国特色国家创新体系的同时，也积极探索和谋划未来科技体制改革方向。

根据 2006~2015 年间两次全国科技创新大会精神，这一期间的科技创新体制改革不仅重视继续科技创新体制改革的突破，而且更加重视科技创新体制改革的系统性和全面性，既有科技创新体制改革的宏观目标，也有科技创新体制改革的具体内容，进一步说明了中国特色国家创新体系基本形成。

（四）第四阶段：创新驱动发展的阶段（2015 年至今）

这一阶段我国科技创新体制改革主要是构建面向创新驱动的新型科技体制和推进科技创新治理能力现代化。如 2015 年《深化科技体制改革实施方案》《关于深化中央财政科技计划（专项、基金等）管理改革的方案》《关于深化体制机制改革加快实施创新驱动发展战略的若干意见》《促进科技成果转化法（2015 年修订)》等，这些方案或规定为下一步推动创新驱动发展战略提供了重要依据。

2016 年，中共中央、国务院发布《国家创新驱动发展战略纲要》，标志着中国创新进入科技和体制"双轮"驱动发展的阶段。该时期科技体制改革的主要特征是积极探索和谋划与创新驱动发展战略相适应的体制机制，尤其是破除长期制约科技创新发展体制机制的障碍，充分激发全社会创新创业活力。在科技体制改革过程中以"立"为主，充分发挥科技创新在经济社会发展中的支撑引领作用，为建设世界科技强国奠定了坚实的制度保障。

随后，2016 年 8 月，国务院又印发《"十三五"国家科技创新规划》的通知，明确了"十三五"时期科技创新的总体思路、发展目标、主要任务和重大举措。在此基础上，围绕科技创新的组织机构进行改革，如 2018 年 3 月，中共中央印发《深化党和国家机构改革方案》，将科学技术部、国家外国专家局的职责整合，重新组建科学技术部，为进一步深化创新型国家建设奠定了组织基础。2018 年 8 月，国务院印发《国务院办公厅关于成立国家科技领导小组的通知》，将国家科技教育领导小组调整为国家科技领导小组，负责研究、审议国家科技发展战略、规划及重大政策等工作。

以习近平同志为核心的党中央立足百年未有之大变局，精准把握世界科技创新发展趋势，推动我国科技创新进入新的发展阶段。2020 年 10 月，党的十九届五中全会总结过去、谋划和开拓未来，审议通过了《中共中央关于制定国民经济和社会发展第十四个五年规划和二〇三五年远景目标的建议》（以下简称《建议》）。创新是贯穿《建议》全文的核心关键词之一，是引领发展的第一动力，也是实现社会主义现代化的重要着力点。《建议》展望 2035 年，突出强调基本实现社会主义现代化要做到"关键核心技术实现重大突破，进入创新型国家前列"，并在今后 5 年经济社会发展要努力实现的主要目标中，明确表明要实现"创新能力显著提升，产业基础高级化、产业链现代化水平明显提高"。2020 年 12 月，中央经济工作会议将"强化国家战略科技力量"置于2021 年八大任务的首位，明确提出"要强化国家战略科技力量，充分发挥国家作为重大科技创新组织者的作用，确定科技创新方向和重点，着力解决制约国家发展和安全的重大难题，推动科技创新在畅通循环中发挥关键作用"。

二、中国科技创新体制改革的基本特征

基于上述中国科技创新体制改革历程的论述，本章节梳理中国科技创新体制发展历程中呈现的基本特征，具体内容如下：

第一，科技创新体制改革一直坚持以市场经济为导向，从中央到地方"自上而下"主动调整科技创新体制与社会主义市场经济相适应。

作为国家宏观改革的重要内容,科技创新体制改革与国家总体改革要求相适应。随着社会主义市场经济体制的不断完善,市场在科技资源配置中扮演着重要角色,与之相适应的科技创新体制也随之完善。

第二,科技创新体制改革重点始终围绕国家发展战略目标和任务,与国家发展战略需求相适应。科技是实现国家发展战略目标和任务的重要动力,尤其是创新驱动全球化态势明显,只有不断优化科技创新体制机制,破除科技创新体制的障碍,才能更好激发全社会创新活动,发挥科技创新在国家发展战略中的支撑引领作用。

第三,历史角度下我国科技创新体制改革由被动调整向主动转变的过程。从最初的被动调整与社会主义市场经济相适应,到强调科技创新体制改革要符合科技自身发展规律,逐步建立起适应科技创新发展要求的体制机制,逐渐实现科技创新治理现代化,构建适应创新驱动发展要求的改革方向更加明确,向着既符合市场经济发展要求、科技创新基本规律,又有利于推动创新驱动发展的目标稳步推进。

三、中国科技创新投入和产出水平

本章基于科技创新研发产出和创新研发投入两个方面描述区域创新水平(吴延兵,2018),科技创新产出表示专利授权量占地区 GDP 的比重(专利强度),衡量每单位地区生产总值所含的专利数量。创新投入表示为研发投入占地区 GDP 的比重(研发强度),衡量每单位地区生产总值所含的研发投入。

表 3-8 显示了 1994~2020 年中国科技创新研发投入与创新专利产出的基本结果。首先,从全国层面显示了中国科技创新水平有了明显提升,创新研发投入和创新专利产出规模都呈现一定增长态势,保持了相对较好的发展趋势。研发强度由 1994 年的 0.46% 提高到 2020 年的 2.40% 。专利强度由 1994 年的 0.8902 亿元/件提高到 2020 年的 3.4902 亿元/件,但这一阶段研发强度出现缓慢增加的趋势,抑或略有下降的趋势,说明了每单位地区生产总值所含的专利数量仍有一定改善空间。1994~2020

年中国万人专利授权量均值为 5.6469 件，研发投入强度均值为
1.4256％，专利产出强度均值 1.5995 亿元/件。

表 3 - 8　　　　1994～2020 年中国科技创新投入和产出水平

年份	万人发明专利 授权数（件）	研发投入 （亿元）	研发投入强度 （％）	专利强度 （亿元/件）
1994	0.3366	222	0.46	0.8902
1995	0.3458	348.69	0.57	0.7347
1996	0.3296	404.48	0.56	0.6096
1997	0.3752	509.16	0.64	0.6397
1998	0.4920	551.12	0.65	0.7969
1999	0.7322	678.91	0.75	1.1059
2000	0.7514	896.00	0.89	1.0505
2001	0.7779	1 042.49	0.94	1.0306
2002	0.8727	1 287.64	1.06	1.0878
2003	1.1576	1 539.63	1.12	1.3260
2004	1.1642	1 966.33	1.21	1.1755
2005	1.3125	2 449.97	1.31	1.1425
2006	1.7030	3 003.10	1.37	1.2213
2007	2.2829	3 710.24	1.37	1.3018
2008	2.6536	4 616.02	1.44	1.2894
2009	3.7601	5 802.11	1.66	1.6672
2010	5.5233	7 063.00	1.71	1.9728
2011	6.5600	8 687.00	1.78	1.9630
2012	8.5908	10 298.41	1.91	2.3227
2013	9.0277	11 846.6	1.99	2.2058
2014	8.8418	13 015.63	2.02	2.0229
2015	11.6176	14 169.88	2.06	2.4936

续表

年份	万人发明专利授权数（件）	研发投入（亿元）	研发投入强度（%）	专利强度（亿元/件）
2016	11. 7804	15 676. 75	2. 11	2. 3585
2017	12. 3793	17 606. 13	2. 13	2. 2203
2018	16. 6173	19 677. 9	2. 14	2. 5517
2019	17. 5481	22 143. 6	2. 24	2. 5153
2020	24. 9334	24 393. 1	2. 40	3. 4902
平均值	5. 6469	7 170. 5885	1. 4256	1. 5995
标准差	6. 4282	7 395. 9282	0. 5951	0. 7238
变异系数	1. 1384	1. 0314	0. 4175	0. 4525

资料来源：相关年份《中国统计年鉴》及其计算。

从均值上看，中国科技创新投入与创新产出都需要进一步加强。首先，1994～2020 年中国万人发明专利授权量的标准差为 6. 4282，研发投入强度的标准差为 0. 5951，专利产出强度的标准差为 0. 7238。其次，运用随机变量的标准差与平均值比值表示其相对离散程度，变异系数大于 0. 5 说明科技创新产出与创新投入的离散程度偏高。结果显示，万人发明专利授权量的变异系数为 1. 1384，研发投入的变异系数为 1. 0314，均大于 0. 5，说明中国科技创新专利产出和科技创新研发投入规模的离散程度偏高。然而，研发投入强度的变异系数为 0. 4175，专利强度的变异系数为 0. 4525，均小于 0. 5，但也说明中国科技创新专利产出和研发投入强度也具有一定波动性。因此，中国整体科技创新投入和产出水平仍有一定改善空间。未来一段时期内加大财政科技投入力度是我国科技进步和高质量发展的基础保障和条件支撑，对于提升我国科技实力、实现高水平科技自立自强具有重要意义。

从中国科技创新在世界上的地位看，虽然 2010 年中国 GDP 总量已经位列世界第 2 位，但中国创新排名与其经济大国地位不匹配。中国综合创新指数 2007 年排在第 29 位，2009 年和 2010 年下降为第 43 位，2014 年和 2015 年均排在第 29 位，2016 年位列 25 位，2017 年位列 22 位，2018 年位列 17 位，2019 年位列 14 位，2020 年位列 14 位，说明了中国科技创新水平仍然相对落后，尤其是"中兴通讯事件"进一步表明了中国原始创新和集成创新能力仍需进一步提升，核心技术和关键技术受制于他人。因此，准确判断科技发展趋势是解决关键核心领域"卡脖子"难题的首要任务，对优化我国科技创新资源配置、提升科技创新能力具有重大意义。

由于一些年份科技创新指标数据的缺失，最终选取 2000～2020 年样本数据区间，进行分地区事实描述中国整体科技创新产出水平，选取 2006～2020 年样本数据区间，进行分地区事实描述中国整体科技创新投入水平。按照东、中、西经济地带划分描述创新水平，表 3 - 9 显示在东部地区，专利强度均值为 1.8309 亿元/件，最大值为 6.4077 亿元/件，最小值为 0.2236 亿元/件，标准差为 1.3264，变异系数为 0.7245；研发强度均值为 2.3288%，最大值为 6.44%，最小值为 0.21%，标准差为 1.3984，变异系数为 0.2890。在中部地区，专利强度均值为 0.9274 亿元/件，最大值为 3.1232 亿元/件，最小值为 0.2919 亿元/件，标准差为 0.6256，变异系数为 0.6746；研发强度的平均值为 1.2781，最大值为 2.31%，最小值为 0.65%，标准差为 0.3694，变异系数为 0.5751。在西部地区，专利强度平均值为 0.7705 亿元/件，最大值为 2.4977 亿元/件，最小值为 0.0434 亿元/件，标准差为 0.5533，变异系数为 0.7181，研发强度的平均值为 0.9574%，最大值为 2.42%，最小值为 0.17%，标准差为 0.5506，变异系数为 0.2702，说明了地区间创新水平差距存在扩大的趋势，且地区间创新水平差距亦明显。其中，变异系数表明东、中、西部地区科技创新投入与产出水平都存在一定结构性偏差，中部地区科技创新水平差距偏小，东、西部地区科技创新水平差距偏高，其变动轨迹呈现由东向西逐步递减的"差序格局"，这与全国区域经济发展格局基本保持一致。

表 3 – 9 地区间科技创新投入和产出水平

地区	2000~2020年专利强度（亿元/件）					2006~2020年研发投入强度（%）				
	均值	最大值	最小值	标准差	变异系数	均值	最大值	最小值	标准差	变异系数
北京	2.7398	4.5101	1.4279	0.9602	0.3505	5.5987	6.44	4.95	0.3752	0.2702
天津	1.7221	5.3561	0.8235	1.1409	0.6625	3.3493	4.69	2.13	0.9049	0.3250
河北	0.7551	2.5464	0.3395	0.5339	0.7071	1.1267	1.75	0.66	0.3662	0.1428
山西	0.6097	1.5463	0.2919	0.2819	0.4624	1.0581	1.29	0.74	0.1511	0.3398
内蒙古	0.3483	1.0345	0.1534	0.2084	0.5983	0.7587	1.07	0.33	0.2578	0.1636
辽宁	1.0109	2.3964	0.6821	0.3758	0.3717	1.8367	2.32	1.39	0.3005	0.1715
吉林	0.7101	1.9454	0.4499	0.3425	0.4823	1.1287	1.41	0.82	0.1936	0.1285
黑龙江	0.9332	2.0787	0.5251	0.4223	0.4525	1.1747	1.39	0.92	0.1509	0.1631
上海	2.1334	3.6118	0.8899	0.6591	0.3089	3.2481	4.17	2.45	0.5299	0.1717
江苏	2.4078	4.9936	0.6474	1.4486	0.6016	2.3387	2.93	1.59	0.4015	0.2015
浙江	3.4263	6.0622	1.2317	1.6604	0.4846	2.1087	2.88	1.43	0.4248	0.2393
安徽	1.4615	3.0945	0.3339	1.0148	0.6944	1.5927	2.28	0.97	0.3811	0.2261
福建	1.4759	3.3238	0.7333	0.7694	0.5213	1.3581	1.92	0.89	0.3071	0.2462
江西	0.9431	3.1232	0.3289	0.8151	0.8643	1.0753	1.68	0.78	0.2647	0.2638
山东	1.2299	3.2652	0.5802	0.6059	0.4926	2.0761	2.78	1.07	0.5477	0.2615
河南	0.8585	2.2331	0.3541	0.5051	0.5884	1.0867	1.64	0.65	0.2842	0.1708
湖北	1.0031	2.5344	0.4441	0.4971	0.4956	1.7253	2.31	1.19	0.2947	0.2863
湖南	0.9001	1.8842	0.5407	0.3391	0.3767	1.3827	2.51	0.71	0.3958	0.2686
广东	2.7576	6.4077	1.6351	1.2523	0.4541	2.1461	3.14	1.18	0.5764	0.2260
广西	0.5906	1.5557	0.2986	0.3137	0.5312	0.6867	0.87	0.38	0.1552	0.3125
海南	0.4814	1.5505	0.2236	0.2841	0.5902	0.4301	0.66	0.21	0.1344	0.2432
重庆	1.5355	2.4759	0.6841	0.5221	0.3400	1.4601	2.11	0.94	0.3551	0.1484
四川	1.3761	2.2302	0.6237	0.5487	0.3987	1.5753	2.17	1.24	0.2338	0.1705
贵州	0.8424	1.9617	0.4631	0.3896	0.4625	0.6587	0.91	0.48	0.1123	0.2192
云南	0.6373	1.1803	0.3546	0.2354	0.3694	0.7021	1.01	0.52	0.1539	0.1909

续表

地区	2000~2020年专利强度（亿元/件）					2006~2020年研发投入强度（%）				
	均值	最大值	最小值	标准差	变异系数	均值	最大值	最小值	标准差	变异系数
西藏	0.2733	0.8945	0.0434	0.2069	0.7570	0.2467	0.33	0.17	0.0471	0.0539
陕西	1.1427	2.4977	0.5153	0.5724	0.5009	2.1613	2.42	1.96	0.1165	0.0933
甘肃	0.7607	2.3281	0.2828	0.5528	0.7267	1.1267	1.26	0.95	0.1051	0.1850
青海	0.4297	1.5613	0.1454	0.3429	0.7980	0.6653	0.86	0.38	0.1231	0.2828
宁夏	0.7657	1.9666	0.2916	0.4317	0.5638	0.9727	1.52	0.63	0.2751	0.1896
新疆	0.5439	0.9395	0.3527	0.1804	0.3317	0.4753	0.59	0.28	0.0901	0.6005
东部地区	1.8309	6.4077	0.2236	1.3264	0.7245	2.3288	6.44	0.21	1.3984	0.2890
中部地区	0.9274	3.1232	0.2919	0.6256	0.6746	1.2781	2.31	0.65	0.3694	0.5751
西部地区	0.7705	2.4977	0.0434	0.5533	0.7181	0.9574	2.42	0.17	0.5506	0.2702

注：样本数据港澳台暂未涵盖。

资料来源：相关年份《中国科技统计年鉴》。

在科技创新专利产出方面，科技创新专利产出强度最大值为浙江的6.0622亿元/件，最小值为西藏的0.0434亿元/件，浙江是西藏的139.6821倍，其次是青海的0.1454亿元/件，浙江是青海的41.6933倍。在科技创新研发投入方面，科技创新研发投入强度的最大值为北京的6.44%，最小值是西藏的0.17%，北京是西藏的37.8824倍，其次是海南的0.21%，北京是海南的30.6667倍，说明了各地区间科技创新投入和产出水平差距都非常明显，且差距存在进一步扩大的趋势。

第三节　中国科技创新激励的财政因素分析

财政分权是地方政府发挥积极性的重要激励机制，对地方政府行为构成激励和约束，而财政策略一直贯穿于地方政府行为逻辑的始终。那么，财政分权会激励地方政府运用不同财政策略去改善区域创新效果，直接表现为地方财政科技投入规模和中央与地方创新领域事权和支出责任划分，也能够通过调整宏观税负水平、实施土地财政策略间接地参与区域创新活动。因此，本节选择财政科技投入规模、中央与地方政府间创新领域事权和支出责任、中央和地方政府宏观税负水平和地方政府土地财政依赖程度4个方面初步考察政府参与区域创新活动的财政激励策略。

一、财政科技投入

增加财政科技投入，提高科技创新发展水平是实现一国经济高质量发展的重要途径。如今，中国经济一直保持相对稳定的增长趋势，科技创新发挥了关键性作用。统计资料显示，2005～2020年科技进步对中国经济增长的贡献率一直维持在0.5以上[①]。党中央一直高度重视科技进步在国民经济发展中的战略定位，一直持续不断地加大财政科技投入规模。1995年的"科教兴国"战略、1998年试行国家科技创新体系政策和2006年《国家中长期科学和技术发展规划纲要（2006 - 2020年）》都明确提出了要提高财政科技支出，确保财政科技投入的稳定增长。可见，财政科技投入是支持科技创新必要的政策工具。

表3-10显示，1986～2020年国家财政科技投入规模的基本情况。结果表明，1994～2019年国家财政科技投入规模一直保持相对稳定的增长趋势，2020年国家财政科技拨款规模有所下降，呈现负增长，国家财政科技投入规模增长率的变异系数为0.5382，说明国家财政科技支出规模的离散程度相对偏高。整体上由1986年的112.6亿元增加到2020年的10 095亿元，财政科技支出增长率也保持着相对较高的增长速度，这种长期稳定的财政科技投入为区域创新的基础研究、科技成果转化和推广提供了重要保障。2006～2010年，国家财政科技投入增长

---

① 资料来源：《2020年中国科技统计年鉴》。

率一直保持在26%，充分显示了国家对科技创新的高度重视。在经济高速增长下，我国财政科技投入占GDP比重超过了0.7%，且保持了相对较好的增长势头，尤其是2006年全面实施中长期科技创新发展战略以后，2010～2020年国家财政科技投入占GDP比重保持在1%左右，财政科技投入占公共财政支出比重一直在4%左右，虽然有所提高，但其占比仍然偏低。根据国际惯例，选择财政科技投入占GDP比重表示一国科技创新能力。其中，财政科技投入占GDP比重小于1%的国家属于创新能力欠缺；比重在1%～2%的国家属于创新能力一般；比重大于2%的国家属于创新能力较好（吴知音和倪乃顺，2012）。可见，国家仍需进一步加大财政科技拨款力度，加快财政科技支出增长速度，使国家财政科技投入占国家财政支出和GDP的比重逐步提升。

表3-10　　　　　　　1986～2020年财政科技投入规模

年份	国家财政科技拨款（亿元）	科技拨款与公共财政支出之比	国家财政科技拨款增长率（%）	国家财政科技拨款占GDP比重（%）
1986	112.6	5.11	9.75	1.09
1987	113.8	5.03	1.07	0.94
1988	121.1	4.86	6.41	0.80
1989	127.9	4.53	5.62	0.74
1990	139.1	4.51	8.76	0.74
1991	160.7	4.74	15.53	0.73
1992	189.3	5.06	17.80	0.70
1993	225.6	4.86	19.18	0.63
1994	268.3	4.63	18.93	0.55
1995	302.4	4.43	12.71	0.50
1996	348.6	4.39	15.28	0.49
1997	408.9	4.43	17.30	0.52
1998	438.6	4.06	7.26	0.52
1999	543.9	4.12	24.01	0.61

续表

年份	国家财政科技拨款（亿元）	科技拨款与公共财政支出之比	国家财政科技拨款增长率（%）	国家财政科技拨款占 GDP 比重（%）
2000	575.6	3.62	5.83	0.58
2001	703.3	3.72	22.19	0.64
2002	816.2	3.7	16.05	0.68
2003	944.6	3.83	15.73	0.69
2004	1 095.3	3.84	15.95	0.68
2005	1 334.9	3.93	21.88	0.72
2006	1 688.5	4.18	26.49	0.77
2007	2 135.7	4.29	26.49	0.79
2008	2 611	4.17	22.25	0.81
2009	3 276.8	4.29	25.50	0.94
2010	4 196.7	4.67	28.07	1.02
2011	4 797	4.39	14.30	0.99
2012	5 600.1	4.45	16.74	1.04
2013	6 184.9	4.41	10.44	1.05
2014	6 454.5	4.25	4.36	1.00
2015	7 005.8	3.98	8.54	1.02
2016	7 760.7	4.13	10.78	1.04
2017	8 383.6	4.13	8.03	1.01
2018	9 518.2	4.31	13.53	1.04
2019	10 717.4	4.49	12.60	1.09
2020	10 095	4.11	−5.81	1.00

注：（1）为规范财政科技支出统计，2013 年对财政科学技术支出统计口径重新作了界定，并追溯调整了 2007～2011 年数据，以保持数据的可比性。

（2）本表中财政科学技术支出的统计范围为公共财政支出安排的科技项目。

（3）2012 年中央国有资本经营支出中安排 30 亿元用于科学技术项目。

资料来源：相关年份《中国科技统计年鉴》。

二、科技支出事权

　　财政分权是中央和地方支出责任划分的重要基础。1994 年分税制改革以来，财政科技支出责任主要由中央和地方承担。中央和地方在提供创新领域公共品时侧重点有所差异。中央政府履行创新责任的着力点是解决创新的外溢性以及如何均衡全国范围内创新资源配置。囿于地区间经济发展水平、自然条件和区位因素等方面差异，政府对本辖区创新事业发展的支持力度不同，导致地区间创新水平有所差异，创新资源在横向政府间难以有效均衡配置，所以均衡地区间创新资源配置以及缩小地区间创新水平差距成为中央政府承担的主要职能。

　　按照公共品理论，收益范围较小的公共品由地方政府承担供给责任更为有效。然而，创新不仅具有准公共品的属性，也具有投资周期长、见效慢以及风险高的特征，且地方政府在区域创新方面具有独特的信息优势，亟须由中央政府进一步统筹治理，否则容易导致地区间对创新性投资缺乏一定热情。虽然中央政府对地方政府的"放权让利"能够为发挥地方政府积极性提供条件，由于地方政府承担创新领域事权和支出责任偏多，甚至超出了地方政府所能够履行创新事权的权利和范围，导致地方科技财政支出压力明显增长，在一定程度上制约了区域创新活动效果。理论上，财政分权激励机制约束地方政府的辖区范围与创新资源受益范围保持一致，地方政府可以充分发挥自身积极性，能够提供有效且公平的科技创新资源。但现实中，两者范围不一致时，往往需要根据创新外溢性相机决定创新资源的供给者。

　　本书选择中央和地方本级财政科技支出占比反映政府间科技事权划分的基本现状，具体结果如表 3 - 11 所示。结果显示，中央本级财政科技支出占比逐渐下降，地方本级财政科技支出占比逐渐上升，地方本级承担财政科技支出责任已经超过了中央本级。虽然中央本级财政科技支出占比平均值为 0.5451，仍然高于地方本级的 0.4549，但 2009 年以后地方本级财政科技支出占比已经超过中央本级，达到了 50%，且保持了连续 9 年超过 50%，2017 年地方本级财政科技支出占比达到了 59%，2018～2020 年地方本级财政科技支出占比超过 60%，中央本级财政科技支出占比却一直连续下降，说明随着中国财政分权程度不断提高，全国性科技事权逐渐下放至地方政府，科技领域支出责任主要由地方政府承担，进一步可以说明区域创新水平的提高关键在于地方政府能否出色地履行创新职责。相对而言，中央政府本级创新支出责任一直徘徊在 40% 左右。以 GDP 为主要考核指标的政治晋升压力导致地方政府在区域创新方面的积极性不高，加上预算软约束以及地方财力相对不足，导致地方财政科技支出规模未能满足区域创新发展的需求，科技领域事权和支出责任过大以及地方政府收、支倒置现象，成为影响财政分权激励创新效果的关键性因素。

表 3－11　　　　1994～2020 年中央和地方本级财政科技支出

年份	中央本级财政科技支出（亿元）	地方本级财政科技支出（亿元）	中央本级财政科技支出占比	地方本级财政科技支出占比
1994	199	69.3	0.7417	0.2583
1995	215.6	86.8	0.7130	0.2870
1996	242.8	105.8	0.6965	0.3035
1997	273.9	134	0.6698	0.3277
1998	289.7	148.9	0.6605	0.3395
1999	355.6	188.3	0.6538	0.3462
2000	349.6	226	0.6074	0.3926
2001	444.3	258.9	0.6317	0.3681
2002	511.2	305	0.6263	0.3737
2003	609.9	335.6	0.6457	0.3553
2004	692.4	402.9	0.6322	0.3678
2005	807.8	527.1	0.6051	0.3949
2006	1 009.7	678.8	0.5980	0.4020
2007	1 044.1	1 091.6	0.4889	0.5111

续表

年份	中央本级财政科技支出（亿元）	地方本级财政科技支出（亿元）	中央本级财政科技支出占比	地方本级财政科技支出占比
2008	1 287.2	1 323.8	0.4930	0.5070
2009	1 653.3	1 623.5	0.5045	0.4955
2010	2 052.5	2 144.2	0.4891	0.5109
2011	2 343.3	2 453.7	0.4885	0.5115
2012	2 613.6	2 986.5	0.4667	0.5333
2013	2 728.5	3 456.4	0.4412	0.5588
2014	2 899.2	3 555.4	0.4492	0.5508
2015	3 012.1	3 993.7	0.4299	0.5701
2016	3 269.3	4 491.4	0.4213	0.5787
2017	3 421.4	4 962.1	0.4081	0.5919
2018	3 738.5	5 779.7	0.3928	0.6072
2019	4 173.2	6 544.2	0.3894	0.6106
2020	3 758.2	6 336.8	0.3723	0.6277

资料来源：相关年份《中国财政年鉴》。

三、宏观税收负担

中国财政分权改革初衷是实现财权和事权的匹配。现实中，中央与地方的财权和事权往往不匹配，导致基层政府面临着相对较大的财政支出压力，地方政府迫切需要提高宏观税负水平，以完成既定的税收计划和财政收入，这样才能更好地缓解地方政府支出压力，这无疑会增加地方税收负担。本节借鉴杨灿明和詹新宇（2016）的做法，选择小口径宏观税负，即中央和地方本级税收收入占 GDP 的比重描述政府间宏观税收负担的基本情况。基于样本数据可得性和准确性，选取 1999 ~ 2020 年全国税务部门组织收入分税种分级次的样本数据，事实描述中央级和地方级宏观税负变化，如表 3 - 12 所示。1994 年分税制改革以来，中国整体宏观税负并未大幅下降，由 1999 年的 10.84% 提高到 2020 年的 16.46%，标准差为 0.0265。可能受"营改增"等减税政策在全国范围内推行的影响，2012～2020 年中国宏观税负有小幅下降，但大致呈现"先一直缓慢提高、后逐渐趋于小幅下降"的变动轨迹，总体上中国宏观税负一直保持相对稳定的变化趋势。从中央本级和地方本级宏观税负变化看，中央本级宏观税负由 1999 年的 5.77% 提高到 2020 的 9.08%，年均增速为 2.61%，标准差为 0.0187%，变异系数为 0.1919，说明中央本级宏观税负相对稳定，尚未出现波动性。地方本级宏观税负由 1999 年的 5.07% 提高到 2020 年的 7.37%，年平均增速为 2.06%，标准差为 0.0107%，变异系数为 0.2173，说明地方本级税收也呈现相对稳定，中央本级税收平均增速高于地方本级。但 2013 年以后地方本级税收呈现高速增长趋势，甚至有可能超过中央本级，进一步说明了地方税收压力正在逐渐增加。

表 3 - 12　　　　　　1999～2020 年中央和地方本级税收收入规模

年份	中央本级（亿元）	地方本级（亿元）	中央本级占 GDP 比重（%）	地方本级占 GDP 比重（%）
1999	5 160.57	4 527.31	5.77	5.07
2000	6 659.64	5 466.23	6.72	5.52
2001	7 660.63	6 769.44	7.01	6.19
2002	9 187.41	7 911.12	7.63	6.57
2003	11 074.78	9 092.11	8.11	6.66
2004	12 896.47	10 813.42	7.99	6.70
2005	16 369.68	13 868.84	8.80	7.46
2006	19 766.13	17 055.82	9.02	7.79
2007	31 677.46	17 774.34	11.70	6.57
2008	36 276.42	21 585.37	11.29	6.72
2009	39 325.35	23 778.24	11.30	6.83
2010	47 934.58	29 459.86	11.68	7.18

续表

年份	中央本级 （亿元）	地方本级 （亿元）	中央本级占 GDP 比重（%）	地方本级占 GDP 比重（%）
2011	58 474.54	37 254.93	12.10	7.71
2012	63 634.06	47 129.98	11.84	8.77
2013	72 675.13	40 046.44	12.36	6.81
2014	70 736.83	58 804.28	10.98	9.13
2015	73 666.48	62 355.35	10.75	9.10
2016	75 457.54	65 046.51	10.16	8.76
2017	87 418.82	68 320.47	10.52	8.22
2018	94 341.59	75 617.21	10.31	8.26
2019	95 422.82	76 670.81	9.70	7.79
2020	91 627.67	74 371.88	9.08	7.37
平均值	46 702.0273	35 169.0891	0.0976	0.0733
标准差	31 808.8563	25 611.6532	0.0187	0.0107
变异系数	0.6811	0.7282	0.1919	0.1465

资料来源：相关年份《中国税务年鉴》。

可见，中国整体宏观税负虽有所降低，但仍有增加趋势。地方本级税收规模增速 10.5% 左右，2014 年以后地方本级税收增速有了相对明显的下降，说明地方本级税收压力有所减缓，但分权激励引发地方财权不足仍然造成地方本级有一定税收压力，税收收入规模下降可能进一步导致地方陷入财政困境。

四、土地财政收入

表 3-13 显示 1998～2020 年土地财政依赖程度，选取国有建设用地出让成交价款或国有土地使用权出让金收入分别占财政收入和 GDP 比重来衡量土地财政依赖程度。结果表明，1998～2020 年中国土地交

易市场化改革以来，2004～2017 年中国土地财政收入年均增速接近 25%，2020 年已经达到 8.2 万亿元，占地方财政收入比重达到 44.52%，说明土地出让收入已经成为地方财政收入的主要来源，政府对土地财政收入的过度依赖逐渐建立了土地财政发展模式。另外，1998～2020 年中国土地财政收入增速提高，同时其总量规模也出现了明显波动性。从统计数据看，土地出让收入占财政预算内收入的变异系数为 0.4621，占 GDP 的变异系数为 0.5089，进一步说明了土地财政收入出现不稳定性现象。然而，地方政府对土地财政收入的高度依赖，由 1998 年的 0.0514 提高到 2020 年的 0.4492，年均 0.1713，尤其是 2003 年以后土地财政依赖水平呈现高速增加的趋势。另外，选取土地财政占 GDP 比重这一指标，说明地方政府对土地财政的高度依赖。究其原因，有可能是土地出让收入完全由地方政府自行支配，中央政府不会参与分享，地方政府愈发偏爱土地出让收入。

表 3-13　　　　　　　　　　1998～2020 年土地财政依赖程度

年份	国有建设用地出让成交价款（亿元）	国有建设用地出让成交价款/财政收入比重	国有建设用地出让成交价款/GDP 比重
1998	507.6999924	0.0514	0.0061
1999	514.3295	0.0449	0.0058
2000	595.5848	0.0445	0.0060
2001	1 295.88961	0.0791	0.0119
2002	2 416.792518	0.1278	0.0201
2003	5 421.311288	0.2497	0.0397
2004	6 412.175967	0.2429	0.0397
2005	5 883.817095	0.1859	0.0316
2006	8 077.644701	0.2084	0.0369
2007	12 216.72083	0.2380	0.0451
2008	10 259.79879	0.1673	0.0319

年份	国有建设用地出让成交价款（亿元）	国有建设用地出让成交价款/财政收入比重	国有建设用地出让成交价款/GDP 比重
2009	17 179.52558	0.2507	0.0494
2010	27 464.47912	0.3305	0.0669
2011	32 126.08231	0.3093	0.0665
2012	28 042.28278	0.2392	0.0522
2013	43 745.29671	0.3386	0.0744
2014	34 377.37341	0.2449	0.0533
2015	31 220.64715	0.2050	0.0455
2016	36 461.68304	0.2284	0.0491
2017	51 984.47527	0.3012	0.0626
2018	62 910.55	0.3431	0.0687
2019	70 679.31	0.3712	0.0718
2020	82 158.99	0.4492	0.0814
平均值	24 867.4983	0.2283	0.0442
标准差	23 667.5988	0.1055	0.0225
变异系数	0.9517	0.4621	0.5089

资料来源：1998～2017 年国有建设用地出让成交价款的数据主要来自《中国国土资源统计年鉴》；2018～2019 年国有建设用地出让成交价款的数据主要来自《中国财政年鉴》。

自从 1994 年分税制改革以来，"财权上移、事权下移"导致地方政府的财政收入和支出存在一定缺口，促使地方政府寻求预算外收入和体制外收入来扩大地方本级政府的财政收入，分税制进一步明确了地方政府对土地出让金使用具有自主权（娄成武和王玉波，2013）。可见，地方政府对土地财政收入依赖程度一直呈现扩大的趋势，进一步说明土地财政已经成为政府性基金收入的重要支柱与弥补地方政府财政资金短缺的"有效"途径与"理性"选择。

本 章 小 结

本章节主要针对中国财政分权与区域创新水平的进行现状考察，得出以下结论。

第一，1949年新中国成立以来，中央和地方间财政关系大致经历了统收统支制阶段、财政包干制阶段以及分税制阶段。1994年分税制实施以来，中央和地方财政关系呈现出了演变路径的"自上而下"、分权的结构逐步趋于合理，分权的约束机制趋于规范，以及分权的法制体系不断完善的基本特征。

第二，中国科技创新体制大致经历了科技创新体制重建与调整阶段、科技创新体制市场化改革阶段、建设国家创新体系的阶段以及创新驱动发展的阶段，始终坚持以市场化为导向，服务于国家重大战略目标以及"自上而下"推动科技创新体制改革的基本特征。现阶段各地区科技创新投入和产出及其商业化水平都保持了相对较好的发展趋势。

第三，自从1994年分税制改革以来，中国财政分权表现为财政收支分权"非均衡性"的特征，普遍存在财政支出分权大于收入分权的现象，且有扩大的趋势。中国科技创新投入与创新产出都有了明显的改善，但各地区科技创新水平差距明显，地区间科技创新投入与创新产出都具有明显差异，相比于中、西部地区，东部地区科技创新能力更强。

第四，财政分权对地方政府行为的激励，引致地方财政行为的异化，成为制约政府参与创新活动的重要因素，主要表现为地方财政科技投入规模有待于进一步扩大，地方承担创新事权和支出责任占比偏高，地方宏观税收负担偏重以及对土地财政收入依赖程度加重的基本特征。

第五，地方政府推进科技创新战略的政策设计应着重使用财政政策工具，运用财政政策激励科技创新发展成为必然选择。为此，将财政政策与科技创新战略这一焦点问题联结起来，揭示了财政支持科技创新所存在的财政直接投入不足、不同省域财政资金支持额以及科技创新效果存在明显差异、财税扶持"双创"政策门槛较高等问题，并积极探索地方政府运用财政支持推进科技创新战略的实施路径，以期实现财政政策与科技创新战略的有效结合。

第四章

财政分权与区域创新激励：直接效应

创新驱动发展战略下，发挥地方政府对区域创新活动的引领性作用，必须重视财政分权制度对区域创新活动的影响。基于此背景，运用省级行政区的面板数据，从全国和地区层面分别考察财政分权对区域创新的激励效应，并进一步构建基准面板门槛回归估计模型检验财政分权对区域创新激励的门槛效应。

第一节　理论分析与研究假说

基于地方政府参与区域创新活动的收益和成本的视角（席建成和韩雍，2019；唐晓华和李静雯，2021），构建财政分权影响区域创新激励的理论模型，以揭示其内在的因果关系。在"自上而下"政治代理框架中，委托人为"中央政府"，代理人是"地方政府"，代理人拥有一定自主的配置财政资源的权力。假定短期内中央政府主要以提升区域创新水平和促进经济增长为主要目标，意味着区域创新和经济增长将成为中央政府对地方政府政绩考核的重要内容，即 $Z = a_1b_1 + a_2b_2$，a_1 为中央政府对地方政府提升区域创新水平的绩效指标权重，a_2 表示中央政府对地方政府促进辖区经济增长的绩效指标权重；s_1 为地方政府积极参与区域创新活动所取得效益，s_2 代表地方政府积极促进辖区经济增长所取得收益；k_1 和 k_2 分别为中央政府在区域创新水平和经济发展水平提升方面的政绩考核权重。Z 为地方政府官员为了完成上级绩效考核指标而获得个人政治晋升的概率。

虽然地方政府并非直接参与区域创新活动，但其可通过将财政创新资源配置到不同创新主体而获得相应的产出。假设地方政府在提升区域创新水平和促进辖区经济增长方面的产出与其努力投入之间存在线性关系。地方政府增加区域创新和经济增长方面的努力投入相当于提升区域创新水平和促进辖区经济增长，意味着地方政府提升区域创新水平和促进辖区经济增长的投入与产出之间的一次线性函数系数为 1，即 $s_i = \lambda_i + \varepsilon_i$，$i = 1$，2，$\lambda_1$ 表示地方政府提升区域创新水平的努力投入，λ_2 表示地方政府促进辖区经济增长的努力投入，ε_i 表示不同任务"产出"不确定性。

假定 $\varepsilon \sim N(0, \sigma_i^2)$，且 $\sigma_1^2 < \sigma_2^2$。$C(\lambda_1, \lambda_2)$ 表示地方政府努力投入所需成本。假定地方政府努力投入具有同质性，即 $C_i = \dfrac{\partial C}{\partial \lambda_i} > 0$。

地方政府的收益（W(x)）主要由政治收益（Z）和经济收益（S）构成的。中央政府对于不同任务上的考核权重决定了地方政府的政治利益，以寻求政治晋升概率（Z）最大化。经济收益主要表现为地方政府为实现预期财政收入而追求经济增长的内在动机，以及其促进辖区经济增长的内在激励。因为地方政府在实现经济增长的同时，也容易实现私人经济收益。

$$W(x) = Z + S \qquad (4-1)$$

假设辖区经济增长（b_2）决定了地方政府经济收益（S）、中央和地方财政分权程度（δ），即 $N = \delta s_2$，整理式（4-1）为：

$$W(x) = a_1 b_1 + (a_2 + \delta) b_2 \qquad (4-2)$$

假定地方政府偏好风险规避，其效用函数服从负指数效用函数，即：

$$U = E(-e^{-r[w(x) - c(t)]}) \qquad (4-3)$$

其中，r 为绝对风险厌恶系数。将式（4-2）代入式（4-3）并线性化，得到地方政府"确定性等价收益"（简称 CE）：

$$CE = a_1\lambda_1 + (a_2 + \delta)\lambda_2 - C(\lambda_1, \lambda_2) - \frac{r}{2}\left[a_1^2\sigma_1^2 + 2a_1(a_2 + \delta)\sigma_{21} + (a_2 + \delta)^2\sigma_2^2\right]$$

$$(4 - 4)$$

进一步，假定地方政府提升区域创新水平和促进辖区经济增长属于相互独立的两项任务，即 $\sigma_{12} = \sigma_{21} = 0$。此外，构建地方政府提升区域创新水平和促进辖区经济增长的成本函数为：

$$C(\lambda_1, \lambda_2) = \frac{1}{2}c_1\lambda_1^2 + \frac{1}{2}c_2\lambda_2^2 + \theta\lambda_1\lambda_2 \qquad (4 - 5)$$

其中，c_1 为地方政府提升区域创新水平的努力投入的边际成本，c_2 表示地方政府为促进经济增长努力投入的边际成本，θ 表示提升区域创新水平和促进辖区经济增长之间努力投入的替代效应，且满足 $0 \leqslant \theta < \sqrt{c_1 c_2}$，$c_2 < \theta < c_1$。

根据前述假设条件，按照效应最大化的原则，构建地方政府最优努力投入的目标函数：

$$Max\left[a_1\lambda_1 + (a_2 + \delta)\lambda_2 - \frac{1}{2}c_1\lambda_1^2 - \frac{1}{2}c_2\lambda_2^2 - \theta\lambda_1\lambda_2 - \frac{r}{2}a_1^2\sigma_1^2 - \frac{r}{2}(a_2 + \sigma)^2\sigma_2^2\right]$$

$$(4 - 6)$$

对式（4-6）的 λ_1、λ_2 求偏导，可得：

$$\begin{cases} \lambda_1^* = \dfrac{a_1 c_2 - (a_2 + \delta)\theta}{c_1 c_2 - \theta^2} \\ \lambda_2^* = \dfrac{(k_2 + \delta)c_1 - k_1\theta}{c_1 c_2 - \theta^2} \end{cases} \qquad (4 - 7)$$

由式（4-7）得出，中央和地方财政分权程度（δ）在一定程度上影响地方政府提升区域创新水平和促进辖区经济增长的最优努力投入水平。此外，地方政府提升区域创新水平与促进辖区经济增长的边际成本 c_1、c_2，以及提升区域创新水平和促进辖区经济增长的最优努力投入的替代效应（θ）有关。

中央政府将一些财权和事权下放地方政府对区域创新水平提升产生一定影响。因此，本书引入地方政府提升区域创新水平的最优努力投入，以揭示财政分权与提升区域创新水平的关系。在式（4－7）中，求出区域创新的最优努力投入（λ_1^*）关于财政分权（δ）的一阶偏导，由于 $0 \leqslant \theta < \sqrt{c_1 c_2}$，$c_2 < \theta < c_1$ 可知：

$$\frac{\partial \lambda_1^*}{\partial \delta} = -\frac{\theta}{c_1 c_2 - \theta^2} < 0 \qquad (4-8)$$

由式（4－8）得出，财政分权与提升区域创新水平的努力投入呈反方向变化关系，说明随着中央和地方财政分权程度的不断提高，地方政府在提升区域创新水平方面的努力投入将会减少，意味着区域创新水平下降。

尽管在政治相对集权方面，中央和地方之间的关系架构尚未改变，但在不同的历史时期，中央政府的政策目标不同，从而对地方政府的考核要求不同，这主要表现为不同任务上的考核权重 a_1、a_2 的变化。因此，对地方政府提升区域创新水平和促进辖区经济增长方面最优努力投入 λ_1^*、λ_2^*，以及对提升区域创新水平和促进辖区经济增长的激励 a_1、a_2 求一阶偏导数，可得：

$$\begin{cases} \dfrac{\partial \lambda_1^*}{\partial a_1} = \dfrac{c_2}{c_1 c_2 - \theta^2} > 0, \ \dfrac{\partial \lambda_1^*}{\partial a_2} = -\dfrac{\theta}{c_1 c_2 - \theta^2} < 0 \\[3mm] \dfrac{\partial \lambda_2^*}{\partial a_1} = -\dfrac{\theta}{c_1 c_2 - \theta^2} < 0, \ \dfrac{\partial \lambda_2^*}{\partial a_2} = \dfrac{c_1}{c_1 c_2 - \theta^2} > 0 \end{cases} \qquad (4-9)$$

由式（4－9）可知，地方政府在区域创新方面的努力投入关键取决于中央政府对区域创新的考核权重，且与经济增长的激励呈反方向变动关系。此外，假定地方政府加大对区域创新方面的投入，等同于提高区域创新政策实施效果。若中央政府对地方的政绩考核方向由"偏增长"转向"重创新"，其结果显然会提高地方政府实施区域创新政策方面的努力投入强度，进一步说明财政分权会改善区域创新政策效果。

据此，本书提出相应的研究假说：随着地方政府政绩考核内容的不断改善，财政分权使地方政府的创新责任增强，会增加财政科技支出占比，提高地方政府创新偏好，地方政府积极参与区域创新基础环境的建设，以改善区域创新效果。

第二节 研究设计

一、模型设定

本书建立如下面板计量经济模型检验前文的研究假设 H_1。

$$inno_{i,t} = \alpha_0 + \alpha_1 fd_{i,t} + \alpha_2 x_{i,t} + \varepsilon_{i,t} \qquad (4-10)$$

在计量模型中，增加财政分权平方项（fd^2）检验财政分权对区域创新激励效应是否存在非线性关系，构建了如下面板计量经济模型。

$$inno_{i,t} = \alpha_0 + \alpha_1 fd_{i,t} + \alpha_2 fd_{i,t}^2 + \alpha_3 x_{i,t} + \varepsilon_{i,t} \qquad (4-11)$$

式中，i 和 t 分别表示地区和年份，inno 表示区域创新水平。α_0 为常数项；α_1 表示回归估计系数，用来捕捉财政分权的区域创新激励效应，ε 为随机误差扰动项。

考虑到影响区域创新活动效果的因素除了财政分权外还有其他众多因素，故加入一组影响区域创新效果的控制变量 X（李政和杨思莹，2018；张可，2019），包括经济发展水平（pgdp）、人力资本水平（hum）、对外开放水平（fdi）和产业发展水平（ind）。

根据前述理论假说，我们预期财政分权回归估计系数（α_1）显著为正，意味着财政分权对区域创新激励具有显著促进作用。

二、变量选取

（一）被解释变量

区域创新水平（inno），表示区域内部所有创新要素投入获得的各类创新产出。以往研究的度量指标和测度方法都尚未达成一致。大多数学者选择专利作为科技创新水平的度量指标（艾斯等，2002；贝当古等，2007；温军和冯根福，2012），认为用专利表征科技创新水平具有一定优势，如专利具有大量的信息（技术、发明及发明者），国内专利数据较容易获取，省域专利申请、审查和授权的制度法规在全国范围内基本一致，这也使得各地区专利数据具有可比性。但专利数据也不能充分反映科技创新成果的质量、市场价值及商业化水平。基于数据的可得性和完备性，一些学者选择运用新产品销售收入作为区域创新水平的衡量指标（佩莱格里诺等，2012；朱有为和徐康宁，2006），该指标可以较好地反映科技创新成果应用的市场价值，一定程度上也忽视了区域创新的知识创造功能。除此之外，以往研究将专利视为区域创新激励的中间知识产出，新产品销售收入作为区域创新激励的最终产出，以全面衡量区域创新水平（白俊红，2011）。随着相关研究的不断深入，除了采用以上直接指标外，现有文献运用科技创新效率反映区域创新水平（黄维乔等，2007；李习保，2009；张海洋和史晋川，2011；白俊红和蒋伏心，2015；李政和杨思莹，2018）。

这里，选择万人发明专利授权量来衡量区域创新水平。其主要原因在于：第一，专利数据较容易获取，不同地区专利申请、审批及授权制度基本一致，专利授权量可以较好反映地区创新水平；第二，区域创新的专利商品转化及新技术、新工艺所得到最终产品在市场上的销售价值主要由市场供需决定，而不是地方政府激励；第三，地方政府支持区域创新系统建设，为区域创新活动提供公共服务，激励企业加强研发创新以及完善创新基础设施的最直接结果是专利授权量的增加。

（二）核心变量

财政分权（fd），表征地方政府自主支配财政资源的能力。中国式财政分权是一种"事实性分权"，不是严格的法律意义上的分权。可见，构建财政分权指标及其测量是一项相对复杂的工作。部分学者认为，运用财政支出分权较好地体现中央向地方政府下放的经济权力，中央和地方财政支出责任划分相对明确，地方政府预算支出范畴相对稳定，支出分权能够更准确、一致地刻画财政分权程度（张涛和邹恒甫，1998；傅勇和张晏，2007；吴延兵，2018）。另外，以往研究也采用地方政府的财政收入（含预算内）指标来衡量财政分权（周业安和章泉，2008；沈坤荣和付文林，2005；郭庆旺和贾俊雪，2010；何德旭和苗文龙，2016；林春，2017）。

从中国政治实际运行上看，税收分成也是影响各级政府关系的核心问题（吕冰洋等，2016），直接表现为地方财政收入规模。虽然中国税制结构不断调整，地方政府征税范围不断扩大，以及税收分成比例不断提高，但造成了收入分权存在时间不一致性问题。此外，各级政府财政收入与财政支出二者之间具有因果性关系，且取决于财政收入规模（郭婧和贾俊雪，2017），进一步说明，各级政府财政收入分权与支出分权同样存在因果性关系，取决于收入分权程度。

基于以上分析，本书既考虑到财政支出的公共属性，又兼顾财政收入对财政支出的因果性影响，参考和借鉴龚锋和雷欣（2009）、储德银等（2018）、汤旖璆和施洁（2019）和孙开和沈安媛（2019）的做法，运用指标加总法对财政分权进行相应的测算，具体测算步骤如下。

首先，将地方财政收入分权（fd_r）与地方财政支出分权（fd_e）进行标准化处理，以消除量纲的影响。

其次，采用加权乘积法（WP）将上述两组数据组合成财政分权指标，具体计算公式如（4-12）所示。

$$CI^{WP} = \prod_{K=1}^{2} \left(\frac{x_k}{\max(x_k)} \right)^{\frac{1}{2}}, \ k=1 \text{ 或 } k=2; \ x_1 = fd_e、x_2 = fd_r$$

$$(4-12)$$

本书采用人均化形式控制各地区人口规模、中央转移支付对各级政府财政分权的影响，避免因分母一致导致多重共线性问题。其中，采用人均地方本级财政支出占人均地方本级财政支出与人均中央本级财政支出之和的比重表示支出分权（fd_e）和人均地方本级财政收入占人均地方本级财政收入与人均中央本级财政收入之和的比重表示收入分权（fd_r）。

需要特别说明的是，为了提高实证研究结果的稳健性，继续以财政收入分权、财政支出分权和税收分成分别作为财政分权的稳健性检验指标。

（三）控制变量

为了缓解遗漏变量的内生性问题，借鉴国内已有文献，从区域创新环境和区域创新活动的互补条件控制了如下变量。

一是经济发展水平（pgdp）。采用地区人均 GDP 测度。不同的经济发展水平具有不同的创新需求，经济发展水平越高可能区域创新的需求和创新能力越强，同时经济发展水平越高也会为区域创新活动开展提供大量资金支持。预期地区经济发展会改善区域创新效果。

二是人力资本水平（hum）。采用高等学校在校生人数占地区总人口比重测度。人力资本是创新的核心要素，而人力资本的形成由主要通过高等教育实现。一般认为劳动力接受教育水平越高，那么区域创新活动也将更加频繁，预期人力资本会提高区域创新水平。

三是对外开放水平（fdi）。采用外商投资总额占 GDP 比重作为外资规模的指标参数。对外开放使区域外的创新要素（资本、人力、知识和技术）进入本地区，利用区域外部创新要素内部集聚促进本地区创新水平的提升（科尔和卡里诺，2014），且 FDI 具有的技术外溢效应也能实现本地区创新（余泳泽，2011）。预期对外开放会提升区域创新水平。

四是产业发展水平（ind）。采用第三产业增加值占 GDP 比重测度，实际表示产业结构高级化。服务业本身就是创新，也可以作为中间投入品间接地促进创新，且具有知识创新、技术的外溢效应（宋雪和李灵光，2018）。从理论上看，预期产业结构升级会改善区域创新效果。

主要变量定义说明如表 4-1 所示。

表 4 - 1   变量定义

变量名称	符号	变量说明
区域创新水平	inno	万人发明专利授权量/年末总人口（pat），单位：件/万人 发明专利授权量/GDP（pat/gdp），单位：亿元/件
财政分权	fd	财政分权程度的组合指标测算
收入分权	fd_e	地方本级人均财政收入/（地方本级人均财政收入与中央本级 人均财政收入）
支出分权	fd_r	地方本级人均财政支出/（地方本级人均财政支出与中央本级 人均财政支出）
经济发展	pgdp	人均 GDP，单位：万元/人
人力资本	hum	高等学校在校生人数/年末总人口
对外开放	fdi	外商投资总额/GDP
产业发展	ind	第三产业增加值占 GDP 比重

资料来源：笔者整理。

三、数据说明与描述性统计

限于样本数据的可得性和完备性，剔除数据缺失严重的年份和地区（港澳台地区），以及数据波动性偏大的西藏自治区，最终选取 2000～2020 年 30 个省份的行政区作为样本区间，样本量共 630 个。原始数据主要来自历年《中国统计年鉴》《中国人口与就业统计年鉴》《中国财政年鉴》《中国税务年鉴》《中国科技统计年鉴》和各省历年统计年鉴和统计公报等。2000～2009 年市场化指数来自樊纲等（2011）的《中国市场化指数——各地区市场化相对进程 2011 年报告》。2010～2020年市场化指数根据樊纲等（2011）指标进行近似测算补齐。

主要变量描述性统计见表 4-2。具体而言，在区域创新水平方面，万人发明专利授权量（pat）为均值 6.5225 件/万人，标准差为 10.7155，最大值为 74.3828 件/万人，最小值为 0.1299 件/万人，说明地区间科技创新水平有所差异。在财政分权程度方面，财政分权（fd）均值为

0.6678，标准差为 0.1399，最大值为 0.9831，最小值为 0.1022。在收入自主权方面，收入分权（fd_e）均值为 0.4647，标准差为 0.1531，最大值为 0.8517，最小值为 0.0094；在支出自主权方面，支出分权（fd_r）均值为 0.8033，标准差为 0.0937，最大值为 0.9619，最小值为 0.5232，说明地区间财政分权程度也有所差距。

表 4 – 2　　　　　　　　　全国层面描述性统计结果

变量	全国层面				
	样本量	均值	标准差	最小值	最大值
pat	630	6.5225	10.7155	0.1299	74.3828
pat/gdp	630	1.1277	1.0406	0.1454	6.4077
fd	630	0.6678	0.1399	0.1022	0.9831
fd_e	630	0.8033	0.0937	0.5232	0.9619
fd_r	630	0.4647	0.1531	0.0094	0.8517
pgdp	630	3.6452	2.8748	0.2662	16.4889
hum	630	0.0158	0.0074	0.0021	0.0413
fdi	630	0.4895	1.4447	0.0358	34.2237
ind	630	0.4296	0.0928	0.2862	0.8387

资料来源：笔者整理。

在控制变量方面，经济发展水平（pgdp）均值为 3.6452 万元/人，标准差为 2.4461，最大值为 16.4889 万元/人，最小值为 0.2662 万元/人；人力资本水平（hum）为 0.0158，标准差为 0.0074，最大值为 0.0413，最小值为 0.0021；经济开放水平（fdi）均值 0.4859，标准差为 1.4447，最大值为 34.2237，最小值为 0.0358；第三产业发展水平（ind）均值为 0.4296，标准差为 0.0928，最大值为 0.8387，最小值为 0.2862。可见，本节选择其他系列经济和社会特征变量也能说明各省份之间存在一些明显差异。另外，本节运用相关性检验初步诊断主要核心变量之间的共线性问题。结果表明，主要核心变量在 1% 或 5% 的置信水平上显著，其相关系数均小于 0.5，初步判定本节所选取指标体系不存在严重共线性，具有相对较好的内在一致性和真实性。

表 4 - 3 显示东部地区描述性统计结果。在东部地区，万人发明专利授权量均值为 12.6875 件/万人，专利强度为 1.8309 亿元/件，明显高于全国平均水平，说明东部地区创新能力较强。同时，无论是万人发明专利授权量还是专利强度的高低值都相差较大，说明地区间创新水平存在较大差异。在财政分权方面，财政分权均值为 0.7711，高于全国平均水平，收入分权和支出分权亦能够说明东部地区财政分权程度相对较高，且收入分权明显低于支出分权，具有财政收支分权非均衡的特征。其他经济和社会特征变量亦说明东部地区经济社会发展水平相对较高。

表 4 - 3　　　　　　　　　　东部地区描述性统计结果

变量	东部地区				
	样本量	均值	标准差	最小值	最大值
pat	231	12.6875	15.1979	0.2415	74.3828
pat/gdp	231	1.8309	1.3293	0.2236	6.4077
fd	231	0.7711	0.1291	0.2145	0.9831
fd_e	231	0.8265	0.0807	0.5882	0.9374
fd_r	231	0.5951	0.1455	0.0515	0.8517
pgdp	231	5.2789	3.5111	0.6894	16.4889
hum	231	0.0185	0.0078	0.0024	0.0413
fdi	231	0.9866	2.3006	0.1003	34.2237
ind	231	0.4751	0.1174	0.3151	0.8387

资料来源：笔者整理。

表 4 - 4 显示中部地区描述性统计结果。结果表明，万人发明专利授权量均值为 3.3309 件/万人，专利强度为 0.9274 亿元/件，低于全国

平均水平，表明中部地区创新能力亟须进一步提升。在财政分权方面，其均值为 0.5966，低于全国平均水平 0.6678，相比于东部地区，中部地区财政收支自主权相对偏低，或许囿于中部地区财政能力相对较弱，在一定程度上制约了中部地区财政收支自主支配权。

表 4 – 4　　　　　　　　中部地区描述性统计结果

变量	中部地区				
	样本量	均值	标准差	最小值	最大值
pat	168	3.3309	3.8918	0.2086	19.6062
pat/gdp	168	0.9274	0.6275	0.2919	3.1232
fd	168	0.5966	0.0891	0.3651	0.7427
fd_e	168	0.7616	0.0928	0.5232	0.8726
fd_r	168	0.3851	0.0752	0.1407	0.5286
pgdp	168	2.7667	1.7702	0.4851	7.7387
hum	168	0.0163	0.0063	0.0029	0.0303
fdi	168	0.2134	0.1098	0.0818	0.8491
ind	168	0.3953	0.0664	0.2862	0.5702

资料来源：笔者整理。

表 4 – 5 显示了西部地区描述性统计结果。在区域创新水平方面，中部地区万人发明专利授权量均值为 2.6786 件/万人，专利强度为 0.8157 亿元/件，低于东部和中部地区，说明了西部地区创新水平相对偏低，其创新水平有待于进一步提升，需要加强财政政策支持力度。在财政分权方面，财政分权均值为 0.6165，低于东部地区的 0.7711，高于中部地区的 0.5966，从收入和支出方面看，收入分权均值为 0.3921，支出分权均值为 0.8105，相比中部地区，西部地区财政分权激励程度相对较高，但仍有一定提升空间。

表4-5 西部地区描述性统计结果

变量	西部地区				
	样本量	均值	标准差	最小值	最大值
pat	231	2.6786	3.4042	0.1299	17.2568
pat/gdp	231	0.8157	0.5541	0.1454	2.4977
fd	231	0.6165	0.1187	0.1022	0.8226
fd_e	231	0.8105	0.0971	0.5515	0.9619
fd_r	231	0.3921	0.1082	0.0094	0.6113
pgdp	231	2.6504	1.9394	0.2662	7.8171
hum	231	0.0129	0.0066	0.0021	0.0306
fdi	231	0.1931	0.1181	0.0358	0.9009
ind	231	0.4091	0.0565	0.3221	0.5512

资料来源：笔者整理。

第三节 实证结果及原因分析

由于全国和东部、中部、西部地区在经济发展、创新政策、政府治理模式和财政能力方面有所差异，所以本节运用前文设定的固定或随机面板模型分别从全国和分地区两个层面检验财政分权对区域创新激励的影响，并揭示两者之间的直接因果机制，具体内容如下。

一、全国层面实证结果与分析

为了提高样本数据的稳定性，降低异方差对计量模型的影响，本节对部分变量进行对数变换。在处理面板数据时，需要依据豪斯曼检验结果选择固定面板模型还是随机面板模型。结果表明，模型（1）~模型（3）显示豪斯曼检验结果 P 值大于 0.05，说明在 5% 的置信水平上不能拒绝随机面板模型的假设条件，所以选择随机面板模型（RE）。然而，模型

（4）～模型（6）的豪斯曼检验结果 P 值小于 0.05，说明在 1% 或 5% 的置信水平上拒绝了随机面板模型的假设条件，所以选择固定面板模型（FE）。为了提高回归估计结果稳健性，我们采取逐步加入控制变量的回归技术。

表 4-6 财政分权影响区域创新的估计结果是以万人发明专利授权量（pat）为被解释变量。结果表明，模型（1）～模型（5）显示财政分权与区域创新激励在 1% 或 5% 的置信水平上呈现显著的正向相关关系，说明财政分权促进了区域创新水平的提升，意味着财政分权每增加 1 个单位，区域创新激励效应将增加 1.4 个单位左右，这与李政和杨思莹（2018）的研究结果基本保持一致，意味着财政分权体制下地方政府参与区域创新活动具有积极作用，验证了前述相应的研究假设，说明政治激励弱化了经济分权对区域创新激励的负面效应，意味着理论层面和数据实证都支持两者之间存在显著正向相关关系的结论，也验证了上述理论分析的合理性以及客观存在性。

表 4-6　　　　　财政分权影响区域创新的基础估计结果

变量	被解释变量（pat）					
	（1）	（2）	（3）	（4）	（5）	（6）
	RE	RE	RE	FE	FE	FE
fd	4.3614*** (22.12)	0.3865*** (3.48)	0.2488** (2.31)	0.2691*** (2.61)	0.4599*** (4.83)	2.3266*** (3.16)
fd^2	—	—	—	—	—	−1.1917* (1.81)
pgdp	—	1.4041*** (54.34)	1.7201*** (34.31)	1.7506*** (35.61)	1.4132*** (27.61)	1.3989*** (24.78)
hum	—	—	0.5126*** (7.25)	0.4951*** (7.27)	0.3361*** (5.28)	0.3253*** (5.08)
fdi	—	—	—	0.2868*** (8.63)	0.1487*** (4.55)	0.1426*** (4.55)

续表

变量	被解释变量（pat）					
	（1）	（2）	（3）	（4）	（5）	（6）
	RE	RE	RE	FE	FE	FE
ind	—	—	—	—	1.4781 *** （11.16）	1.4821 *** （11.34）
cons	2.7193 *** （21.01）	−0.3291 *** （−3.15）	−2.8855 *** （−7.85）	−2.4337 *** （−6.93）	−2.8048 *** （−7.51）	−1.4214 *** （−3.45）
时间效应	是	是	是	是	是	是
个体效应	是	是	是	是	是	是
R^2	0.4176	0.8533	0.8447	0.8573	0.8685	0.8701
Hausman	0.7033	0.4107	0.3451	0.0071	0.0021	0.0134
N	630	630	630	630	630	630

注：（1）"—"表示该项为空。
（2）***、** 和 * 分别表示在 1%、5% 和 10% 水平上显著。
（3）括号中的数值为 t 值。

其内在逻辑可能在于：第一，实施创新驱动是推动区域经济增长的重要动力。在短期以"GDP 为导向"的政绩考核压力下，地方官员对区域创新激励具有充分的积极性，且财政分权能够保证地方政府在区域创新活动中的职能发挥。第二，相比于中央政府，地方政府在支持区域创新发展方面具有信息优势，地方财政支出也具有更高的灵活性和地区匹配性，可以因地施策以及更加合理分配创新领域财政资源，进而促进区域创新水平的提升。第三，财政分权促使地方政府拥有相对较多的财政资源，进一步强化地方政府创新领域事权责任意识，提高地方财政努力程度和财政支出效率，进一步激发和培育地方官员的企业家精神。同时，财政分权机制提高了公众的政治参与意识，监督和约束了地方财政行为（郭庆旺和贾俊雪，2010），进而促进政府参与区域创新活动的效果。第四，中国式财政分权确实改进了区域创新活动效果的重要原因，也是地方官员政绩考核机制优化的结果。在中国式分权治理模式下，尤其是中央对地方官员的考核内容权重逐渐克服"唯 GDP 论"，更加注重政绩考核指标的综合性，显然区域创新激励成为地方政绩考核和官员晋升的重要指标，对地方政府创新偏好产生了重要影响。

模型（6）显示财政分权的一次项回归估计系数在 1% 的置信水平上显著为正，二次项回归估计系数在 1% 的置信水平上显著为负，发现财政分权与区域创新激励存在一定"先促进、后抑制"的非线性倒 U 形关系。当财政分权强度过高跨过 U 形拐点时，对区域创新激励效应产生阻碍作用，抑或显著性降低（杨志安和邱国庆，2019），这种现象运用面板门槛模型可以更加形象刻画，且可以避免在模型中引入解释变量高次项时增加解释变量间相关性的困扰。因此，财政分权对区域创新激励效应的影响是否存在门槛效应值得深入探讨。

从控制变量的回归估计结果上看，第一，经济发展水平对区域创新激励效应的回归估计系数在 10% 的置信水平上显著为正，说明提高经济发展水平有利于区域创新发展。显然，随着经济发展水平的提高，地区创新投入增加、创新软硬基础设施配套相对完善，区域创新环境逐渐改善，进而有利于区域创新水平的提升。第二，人力资本水平对区域创新激励效应的回归估计系数在 1% 的置信水平上显著为正，说明人力资本水平的提升改善了区域创新效果，主要是由于人是提高区域创新水平的关键要素，人力资本积累为提高区域创新水平提供了人才基础。第三，对外开放水平对区域创新激励效应的回归系数在 1% 的置信水平上显著为负，说明对外开放水平的提高促进了区域创新要素集聚，有利于提高区域创新能力。下一步区域创新的"开放红利"仍需进一步释放，如何高效利用国外创新要素提升本地区创新水平。第四，产业结构升级对区域创新激励效应的回归估计系数为正，通过了显著性检验，产业结构升级促进了区域创新水平的提升，这进一步表明各地区实施创新驱动发展战略、加快产业结构转型升级需要因地施策，发展适合本地区优势与基础产业，不要盲目追求第三产业在数量与规模上的过度扩张。

二、分地区实证结果与分析

在国家创新驱动发展战略背景下，从中央到地方都在制定和实施积极的财政政策保障区域创新水平的提升。如今，中国已经把创新驱动战略和提高科技创新水平纳入"十四五"国家科技创新规划，未来一段时期内将继续采取强有力的保障措施。在此目标下，由于地区间财政能力水平存在一定差距，财政分权强度也有所不同，从而影响各地区创新活动效果。从整体上看，中国财政分权有利于改善区域创新活动效果，但财政分权影响区域创新激励效应存在地区异质性特征，即考察财政分权影响区域创新激励效应是否存在区域特征依赖。

鉴于此，根据学术界普遍认同的东部地区（京、津、冀、辽、沪、苏、浙、闽、鲁、粤、琼）、中部地区（晋、吉、黑、皖、赣、豫、鄂、湘）和西部地区（蒙、桂、渝、川、黔、滇、陕、甘、青、宁、新）三个子样本分别进行回归估计。在估计方法选择上，由于分地区可能造成样本量减少，系统 GMM 估计方法可能无法显示所有变量的估计系数，所以本节继续采用固定或者随机面板模型考察在财政分权下区域创新激励效应是否存在地区异质性。

财政分权与东部、中部和西部区域创新激励效应的具体回归估计结果如表 4 - 7 所示。结果表明，财政分权对东部区域创新激励效应的回归估计系数在 10% 的置信水平上显著为正，说明财政分权对区域创新激励效应产生了促进作用。

其主要原因可能是：第一，东部地区财政分权保障了地方政府财政收支的灵活性和地区适宜性，促使地方政府能够因地制宜配置创新资源。第二，虽然经济增长成为地方官员政绩考核的重要指标之一，但东部地区政府官员的财政收支偏好并未随着经济发展水平的提升而发生根本性变化，也未对财政科技支出产生挤出效应，一定程度保证了区域创新资源配置效率。第三，在中国财政分权体制下，"为增长而竞争"的地区竞争范围不仅局限于短期的基础设施领域。随着国家全面启动并实施创新驱动发展战略，各地区会秉持"向上负责"的态度，在技术创新的基础研究层面给予财政资金支持。同时，地方政府认识到技术创新对经济增长的重要作用，对提高区域技术创新水平具有充分的积极性。各地区在支持技术创新的基础研究时，为了短期内提高区域技术创新水平或完成上级政府相应的政绩考核，可能存在财政科技支出行为上的竞相模仿，以实现区域技术创新水平的趋同或赶超，在这种激励机制驱动下，地方政府并不会完全忽视区域创新激励的财政投入。

表 4 - 7　　　　　　财政分权影响区域创新分地区估计结果

变量	被解释变量（pat）		
	东部地区	中部地区	西部地区
	（1）	（2）	（3）
	FE	RE	RE
fd	0.3292 * (1.86)	10.5161 (0.27)	0.4772 (0.36)
pgdp	1.4737 *** (19.29)	1.2572 *** (6.03)	1.2764 *** (8.86)
hum	0.2583 *** (3.13)	1.8183 (1.04)	0.3022 ** (2.31)
fdi	0.4521 *** (3.33)	0.1623 (1.53)	0.2127 ** (2.21)
ind	1.4589 *** (6.06)	1.2232 ** (2.29)	1.6098 *** (3.05)
cons	− 0.1415 (0.26)	0.9997 (0.78)	0.1228 (0.16)
时间效应	是	是	是
个体效应	是	是	是
R^2	0.8584	0.8908	0.8852
Hausman	0.0024	0.4295	0.0661
N	231	198	231

注：（1）***、**和*分别表示在1%、5%和10%水平上显著。
（2）括号中的数值为 t 值。

表 4-7 显示财政分权对中部和西部区域创新激励的回归系数为正，但未能通过显著性检验，说明中部和西部地方政府参与区域创新系统建设能力有待进一步提高，财政分权也未能强化地方官员的创新责任。基于这一结果，本节认为，财政分权激励机制对中部和西部区域创新活动效果的影响不明显。

其原因可能是：第一，处于经济快速崛起的中部地区，以及经济发展相对落后的西部地区，地区间经济发展水平差距偏大，显然经济增长一直是地区发展的重要目标，促使地方官员更加倾向加快投资，短期内实现经济迅速增长。在"GDP 锦标赛"的晋升激励机制下，经济规模扩张成为具有"政治人"属性的地方官员的行为导向。为了晋升，地方官员往往将更多的精力投入到能够在短期内带动经济迅速增长的生产性支出领域（贾俊雪，2014），努力提高生产性支出的效率，而忽视了创新领域的财政资源配置效率（吴延兵，2017）。第二，财政分权自身激励机制难以有效约束地方政府过度追求经济增长的行为，导致有限财政创新资源配置效率降低，难以充分发挥政府"有形之手"在区域创新建设中的作用，抑或地方政府执行相关创新政策不是十分积极，财政体制支持区域创新活动力度不足。第三，相比于东部地区，中部和西部地区存在一定科技创新势差，未能形成较好空间协同创新要素集聚，地方政府在探索有效区域创新管理模式方面相对滞后，对区域创新活动的引领和保障作用也尚未完全培育起来。

综上所述，上述实证分析结果表明，财政分权对区域创新激励效应具有地区异质性。东部地区实施财政分权激励机制会改善区域创新活动效果，这与全国层面的估计结果基本保持一致。中部和西部地区实施财政分权激励机制对区域创新水平的影响不显著。其主要原因可能是：地区间经济发展水平、市场创新主体、政府治理能力以及财税激励等方面有所差异。

第四节 稳健性检验

为了使本章的研究结论更为稳健和具有说服力，本节基于收支自主权指标、税收分成率指标、专利强度指标、市场化进程指标、系统GMM估计方法以及分阶段六个方面检验财政分权对区域创新激励的影响，具体内容如下。

一、基于收支分权指标检验

前面运用组合指标衡量财政分权程度存在一定信息损失现象，不能完全解释中央对地方的财政分权程度，从而对整体模型估计结果造成一定偏差。这里，运用收入分权（fdr）和支出分权（fde）分别作为衡量财政分权程度的指标参数。该指标是一个正向指标，如果收入分权和支出分权值越大，说明地方政府的财政收支自主权越大，财政分权程度越高。

模型（1）和模型（2）显示豪斯曼检验结果拒绝了随机面板模型，选择固定面板模型。基于收入分权和支出分权的回归估计结果如表4-8的模型（1）和模型（2）所示。结果显示，模型（1）显示财政支出分权与区域创新激励效应在10%的置信水平上显著为正，说明财政支出分权有利于促进区域创新水平提升。模型（2）显示财政收入分权与区域创新水平在1%的置信水平亦显著为正，说明财政收入分权程度的提高，也会改善区域创新活动效果，意味着财政分权激励机制促使地方官员科技创新责任意识的提升，一定程度上提高地方政府创新偏好，间接地提高区域创新水平。可见，无论从财政收入分权还是财政支出分权的单一指标，还是财政分权组合指标，都表明了财政分权激励机制能够提升区域创新水平，意味着研究结果是稳健的。

表4-8   稳健性检验估计结果

变量	被解释变量（pat）				被解释变量（pat/gdp）	被解释变量（pat）
	(1)	(2)	(3)	(4)	(5)	(6)
	FE	RE	RE	FE	FE	系统GMM
L. inno	—	—	—	—	—	0.7205 *** (25.82)
fd	—	—	—	—	0.5018 *** (3.74)	0.2557 *** (4.52)
fd_e	1.9435 ** (2.18)	—	—	—	—	—
fd_r	—	0.2015 *** (3.81)	—	—	—	—
cit	—	—	0.0531 ** (2.48)	—	—	—
mar	—	—	—	-0.0102 ** (2.09)	—	—
pgdp	1.3685 *** (11.31)	1.4385 *** (14.65)	1.5151 *** (14.68)	1.5334 *** (16.11)	0.3877 *** (3.78)	0.2539 *** (4.59)
hum	0.5656 *** (5.34)	1.3685 *** (11.31)	0.3557 *** (3.21)	0.3994 *** (4.61)	0.2977 *** (3.42)	0.2494 *** (4.91)
fdi	0.1381 *** (2.82)	1.3685 *** (11.31)	0.1467 *** (3.38)	0.1518 ** (3.21)	0.1542 *** (3.36)	0.0883 *** (4.55)
ind	1.5829 *** (4.88)	1.3685 *** (11.31)	1.3363 *** (4.31)	1.3658 *** (4.28)	1.4013 *** (4.52)	0.2871 *** (2.92)
R^2	0.8447	0.8709	0.8698	0.8677	0.5156	—
AR (1)	—	—	—	—	—	0.0001
AR (2)	—	—	—	—	—	0.5118

变量	被解释变量（pat）				被解释变量（pat/gdp）	被解释变量（pat）
	（1）	（2）	（3）	（4）	（5）	（6）
	FE	RE	RE	FE	FE	系统 GMM
Sargan	—	—	—	—	—	0.6971
Hausman	0.0207	0.5721	0.6233	0.0000	0.6734	0.4231
N	630	630	630	630	630	600

注：（1）"—"表示该项为空。

（2）***、**和*分别表示在1%、5%和10%水平上显著。

（3）括号中的数值为 t 值。

（4）AR（1）、AR（2）、Sargan 和 Hausman 为 P 值。

（5）L.表示变量滞后一期。

二、基于税收分成率指标检验

吕冰洋等（2016）认为，税收分成率成为影响各级政府财政关系的核心问题，增值税和企业所得税是规模最大的两个主体税种，且属于中央与地方共享税种，这两个税种度量得到的分权指标能够较为全面和准确地反映中央和地方间财政关系，同时也能够避免分母同一性和未能考虑财政收支结构等问题（毛捷等，2018）。鉴于此，为了提高研究结论的稳健性，本书借鉴吕冰洋等（2016）和毛捷等（2018）的做法，选择企业所得税分成率作为财政分权的指标参数，用地方本级企业所得税收入占全国税务部门组织企业所得税收入总额比重表示企业所得税分成率。企业所得税分成率越高，表示财政分权程度越高，说明地方政府拥有更大的财政资源配置自主权。

模型（3）显示豪斯曼检验结果 P 值为 0.6223，大于 0.05，说明在 5% 的置信水平上接受了随机面板模型，应该选择随机面板模型。基于企业所得税分成率的视角，财政分权对区域创新激励效应的回归检验结果如表 4－8 的模型（3）所示。结果表明，企业所得税分成率的回归估计系数在5%的置信水平上显著为正，说明随着企业所得税分成率的提高，财政分权自身激励机制可以促进区域创新水平的提升，意味着税收分成率也确实充实了地方政府的财政资源，形成了不同的财政激励，能够影响地方政府的行为选择，进而影响各辖区的区域绩效和结构特征（谢贞发等，2019）。可见，基于企业所得税分成率的视角，税收分成激励机制能够改善区域创新效果，说明研究结果是稳健的。

三、基于市场化程度指标检验

市场化是区域创新活动的基本条件，也是区域创新活力的重要源泉（党文娟等，2008），既能促进区域创新要素的合理配置，也可以推动产学研水平的提高，对企业创新绩效产生促进作用（戴魁早和刘友金，2013；王保林和张铭慎，2015；吴延兵，2018）。本节借鉴吴延兵（2018）的做法，选择市场化程度表示地方政府参与经济资源分配的反向指标，用樊纲等（2011）市场化指数表征省级层面市场化程度（mar）。预期市场化程度会促进区域创新水平提高。

模型（4）显示豪斯曼检验结果拒绝随机面板模型，选择固定面板模型。市场化程度与区域创新激励效应的固定效应模型检验结果如表4-8的模型（4）所示。结果表明：模型（4）显示市场化程度与区域创新激励效应的回归估计系数在5%的置信水平上显著为负，说明样本期间市场化程度对区域创新激励具有显著负面效应，说明市场化自身体制机制难以有效配置创新资源，需要地方政府适度激励，以改善区域创新活动效果，进一步基于财政分权反向指标也验证了本节实证结果的稳健性。

其主要原因可能是：在凯恩斯经济学理论框架下，市场机制自身存在内在缺陷，无法有效解决区域创新活动的外部性问题。在创新资源配置中可能因创新的不确定性、外部性及收益周期长而存在市场失灵现象。正如林毅夫（2017）指出，在没有外部激励条件下，理性的企业家很难作出探索新技术的决策，这种创新惰性的"传染"抑制了区域创新活动的规模效率提升（李政和杨思莹，2018）。由此可见，地方政府需要解决创新产出成果的外部性、不确定性及周期长及其导致企业创新惰性问题，弥补市场机制在创新资源配置领域的失灵，需要地方政府适度参与区域创新活动，将创新成果外部性内在化，促使企业乃至于区域创新活动达到最优规模。

四、基于专利强度指标检验

本节借鉴唐飞鹏（2017）和吴延兵（2018）的做法，用专利授权量占地区生产总值比重作为区域创新能力的测算指标，表示每单位 GDP 所含的专利数量，可称为专利强度。模型（5）显示豪斯曼检验结果拒绝随机面板模型，选择固定面板模型。财政分权与区域创新（专利强度）的回归估计结果见表 4 - 8 的模型（5）所示。

结果显示：财政分权的回归系数为 0.5018，在 1% 的置信水平上显著，说明财政分权激励机制提升了区域专利产出强度。随着中央和地方财政分权程度不断提高，每单位实际 GDP 产生的专利数量越高，说明财政分权为促进区域创新产出提供了重要的制度性激励。分税制改革后，由于地方政府拥有了更多的财政资源配置自主权，其可能会更加愿意支持区域创新活动，依靠创新驱动促进产业结构转型升级和经济增长质量提升逐渐得到越来越多地方政府的认可，无疑有助于改善区域创新整体环境。可见，财政分权对区域创新专利强度具有显著的正向促进作用，说明研究结论是稳健的。

五、基于动态面板模型检验

虽然尽可能控制影响区域创新活动效果的诸多因素，但仍然可能遗漏部分变量，一旦部分被纳入随机误差项的遗漏变量与其他解释变量存在相关性，就会引起内生性问题，实证模型可能存在双向因果问题，导致回归估计结果出现偏误现象。鉴于此，为了进一步提高财政分权对区

域创新激励效应的回归估计结果稳健性，通过构建包含被解释变量一阶
滞后项的动态面板模型，控制因遗漏变量所导致的内生性问题，且从实
际角度来说，某一时期区域创新产出很可能会受到前期特征的影响，在
解释变量中加入其一阶滞后项也有助于刻画这种"滞后"效应。

这里采用系统广义矩估计法（SGMM）对动态面板模型进行估计，
并基于两步法克服异方差的干扰。基于理性预期假设，财政分权与区域
创新激励效应之间可能产生一定路径依赖。在计量模型中加入区域创新
水平的滞后项（$inno_{t-1}$）考察其动态变化，建立如下动态面板计量经济
模型。

$$inno_{i,t} = \alpha_0 + \alpha_1 inno_{i,t-1} + \alpha_3 fd_{i,t} + \alpha_4 x_{i,t} + \varepsilon_{i,t} \qquad (4-13)$$

财政分权对区域创新激励效应的系统 GMM 估计结果及相关统计值
如表 4-8 的模型（6）所示。结果表明，方程中 AR（1）都小于 0.05，
AR（2）都大于 0.05，说明该模型的残差项存在一阶序列相关和二阶
序列不相关。同时，Sargan 检验结果表明，整体上该模型工具变量使用
是有效的，不存在过度识别问题。

模型（6）显示滞后期区域创新水平的回归估计系数在 1% 的置信
水平上显著为正，说明区域创新活动具有滞后效应。财政分权对区域创
新激励效应在 1% 的置信水平显著为正，表明财政分权改善了区域创新
活动效果，再次验证了财政分权与区域创新水平的正向相关关系，这与
前述研究结果基本保持一致，再次说明研究结果具有较好的稳健性。

六、基于分时间段检验

考虑到财政分权对不同时间段区域创新激励效应是否存在时间异质
性，检验财政分权对区域创新激励是否会因时间段设定的差异而产生不同
的影响效应。目前，中国科技创新专利产出量呈现连续增加的趋势，万人
发明专利授权量由 2000 年的 0.7514 件/万人提高到 2020 年的 24.9334 件/
万人。不过，为了排除创新专利产出因地方政府创新政策造成一定差
异，本节以 2006 年全国科学技术大会颁布《国家中长期科学和技术发

展规划纲要（2006－2020 年）》作为地方政府实施创新政策的年份，将样本区间 2000～2020 年划分为 2000～2006 年和 2007～2020 年子样本进行估计。

模型（6）和模型（7）显示豪斯曼检验结果仍然显示拒绝随机面板模型，选择固定面板模型更优。分时间段固定面板检验结果如表 4－9 所示。结果发现，财政分权在 2000～2006 年和 2007～2020 年对区域创新激励的回归系数分别在 5% 的置信水平上显著为正，分时间段尚未改变财政分权对区域创新激励的正面效应，说明财政分权对不同时间段区域创新也具有显著的正向影响，进一步验证了财政分权与区域创新激励的正向相关关系的存在。虽然分时间阶段的部分变量回归系数略有差异，但整体相关估计结果与实证分析结果基本保持一致，说明了分阶段处理结果与原实证结果是稳健的。

表 4－9   分时间段估计结果

变量	被解释变量（pat）	
	2000～2006 年	2007～2020 年
	(6)	(7)
	FE	FE
fd	0.2767 **	1.2169 *
	(3.66)	(1.96)
pgdp	0.8407 ***	1.1711 ***
	(4.09)	(6.54)
hum	0.1279	0.4626 *
	(1.00)	(1.71)
fdi	0.0405	0.1744 ***
	(0.67)	(3.69)
ind	0.2671	1.2946 ***
	(0.84)	(3.48)
cons	－ 0.7394	3.4172 **
	(1.01)	(2.51)

变量	被解释变量（pat）	
	2000~2006 年	2007~2020 年
	(6)	(7)
	FE	FE
R²	0.8133	0.7802
时间效应	是	是
个体效应	是	是
Hausman	0.0001	0.0049
N	210	420

注：（1） *** 、** 和 * 分别表示在1%、5%和10%水平上显著。
（2）括号中的数值为 t 值。

第五节　扩展性讨论：门槛效应检验

分地区检验结果表明，中部和西部财政分权对区域创新激励的影响不显著。那么，主要原因是否因财政分权强度未能达到某一临界值，引致财政分权的回归系数发生结构性变化？为了回答这一问题，本书运用面板门限回归模型检验财政分权对区域创新激励的影响是否存在门槛效应。

一、门槛模型设定

为了考察因变量与自变量之间的相关关系是否会发生结构性突变，当门槛变量数值高于或低于某一临界值时，重要解释变量的估计系数是否会发生显著性变化。借鉴汉森（1999）和王群勇（2008）面板门限回归模型方法，检验财政分权对区域创新激励是否存在显著的门槛效应。为了对此验证，本书参考已有文献，以财政分权为门槛变量，构建如下面板门槛模型。

$$\text{inno}_{i,t} = \alpha_0 + \alpha_1 \text{fd}_{i,t} \cdot I(\text{thr}_{i,t} \leqslant \gamma_1) + \alpha_2 \text{fd}_{i,t} \cdot I(\gamma_1 < \text{thr}_{i,t} \leqslant \gamma_2) + \cdots$$
$$+ \alpha_n \text{fd}_{i,t} \cdot I(\gamma_{n-1} < \text{thr}_{i,t} \leqslant \gamma_n) + \lambda x_{i,t} + \varepsilon_{i,t} \qquad (4-14)$$

其中，$x_{i,t} = [\text{pgdp}_{i,t}, \text{hum}_{i,t}, \text{fdi}_{i,t}, \text{ser}_{i,t}]$ 为控制变量系列向量，其系列向量系数为 $\lambda = [\lambda_1, \lambda_2, \lambda_3, \lambda_4]$；$\alpha_1, \alpha_2, \cdots, \alpha_n$ 为区间估计参数；$\gamma_1, \gamma_2, \cdots, \gamma_n$ 为门槛值。$I(\cdot)$ 为指示性函数，当满足括号内条件时取1，否则取值为0。其他参数经济意义同前面内容。

二、门槛值估计及区间划分

本章利用 Stata 14.0 分别估计了单一门槛和双门槛效应，并利用 Bootstrap 反复抽样500次计算 F 值。结果表明，单一门槛的显著性水平为0.064在10%的置信水平上通过显著性检验，而双门槛检验未能通过显著性检验。这说明财政分权影响区域创新的门槛效应确实存在，且存在"单门槛效应"，门槛值为0.8114，其95%置信区间为 [0.8061 0.8174]。在此基础上，本节将财政分权的门槛区间划分为 fd $\leqslant$ 0.8114 和 fd $>$ 0.8114。

三、实证结果与分析

关于财政分权对区域创新激励效应的门槛值及其区间划分，本节采用静态面板经济计量模型进行实证分析，具体检验结果如表4-10所示。结果表明：该模型回归显著性的指标拟合优度指标、统计量以及计量的残差值都显示模型的估计结果都是合理和稳定的。当财政分权强度低于门槛值（0.8114）时，财政分权对区域创新激励的影响系数为0.3002，通过了1%的显著性检验。当财政分权的取值跨过门槛时，财政分权对区域创新激励的影响系数为0.1334，未能通过显著性检验，这说明随着财政分权强度的不断增强，其对区域创新激励的正向促进作用在达到门槛值后，其激励效应不显著，进一步表明了财政分权对区域创新激励确实存在门槛效应。当财政分权低于门槛值时，其对区域创新激励效应产生显著的促进作用，当财政分权强度跨越门槛值之后，财政分权对区域创新激励效应的影响不显著。进一步说明随着财政分权强度的不断增强，其对区域创新激励效应的正向促进作用在达到门槛值后开始降低，表明样本期间财政分权的区域创新激励效应存在一个最优值为0.8114，当财政分权超过0.8114时，过度的财政分权对区域创新激励效应不显著。

表 4 – 10 财政分权的门槛估计结果

变量	被解释变量（pat）				
	估计系数	聚类标准误	t 值	p 值	95% 置信区间
pgdp	1.4112 ***	0.0887	15.91	0.000	[1.2297 1.5926]
hum	0.3631 ***	0.0674	5.38	0.000	[0.2251 0.5011]
fdi	0.1427 ***	0.0466	3.07	0.005	[0.0475 0.2381]
ind	1.5659 ***	0.3037	5.16	0.000	[0.9448 2.1871]
fd < 0.8114	0.3002 ***	0.1061	2.83	0.008	[0.0832 0.5172]
fd ≥ 0.8114	- 0.1334	0.2663	- 1.51	0.621	[- 0.6781 - 0.4112]
cons	- 0.5146 **	0.5153	- 2.01	0.026	[- 1.5685 0.5393]
R^2	0.8671				
F	372.74 ***				

注：*** 、 ** 、 * 分别表示在1%、5%和10%水平上显著。

其主要原因可能是：财政分权确实强化了地方政府官员的科技创新责任，但过度的财政分权未能显著增强地方政府对区域创新的支持能力。然而，面对以 GDP 增长的政绩考核压力的不断增加，财政分权的正外部性逐渐显现，意味着地方政府参与区域创新活动，有利于建立起良好的区域创新生态环境。但创新性投资具有收益周期长和不确定性的特点，短期内地方政府参与区域创新活动的效果不是十分明显，但长期以往财政分权自身机制会使地方政府显著增强对区域创新系统建设的保障能力，进而提升区域创新活动效果。

四、基于收入自主权指标检验

为了保证本节门槛效应检验结果的稳健性，基于收入自主权的视角，进一步检验财政分权与区域创新激励是否存在门槛效应。门槛模型的设定、主要变量选取、估计方法以及数据来源同前文保持一致，也同样利用 Bootstrap 反复抽样 500 次计算 F 值。基于收入自主权的财政分权对区域创新激励的门槛效应检验结果如表 4－11 所示。结果表明，更换核心变量的衡量方式，门槛检验结果依然稳健。单一门槛在 1% 的置信水平上通过显著性检验，而双门槛检验未能通过显著性检验，说明财政分权对区域创新激励的门槛效应确实存在，且存在"单门槛效应"，门槛值为 0.6337，其 95% 置信区间为 [0.6329　0.6349]。

表 4－11　　　　　　　　　　收入自主权的门槛估计结果

变量	被解释变量（pat）				
	估计系数	聚类标准误	t 值	p 值	95% 置信区间
pgdp	1.4081 ***	0.0894	15.75	0.000	[1.2252　1.5908]
hum	0.3217 ***	0.0698	4.61	0.000	[0.1791　0.4644]
fdi	0.1426 ***	0.0505	2.82	0.009	[0.0392　0.2459]
ind	1.5318 ***	0.2993	5.12	0.000	[0.9197　2.1438]
fdr < 0.5917	0.1158 **	0.0511	2.27	0.031	[0.0114　0.2202]
fdr ≥ 0.5917	− 0.1526	0.1279	− 1.19	0.242	[− 0.4141　0.1089]
cons	− 0.4297 *	0.5222	1.82	0.041	[− 1.4977　0.6383]
R^2	0.8687				
F	349.36 ***				

注：***、**、*分别表示在 1%、5%、10% 水平上显著。

基于收入自主权视角，考察财政收入分享机制对区域创新激励的门槛效应检验结果如表 4-10 所示。结果表明，当财政分权强度低于门槛值（0.5917）时，财政分权对区域创新激励效应的估计系数为0.1158，通过 1% 的置信水平的显著性检验。当财政分权的取值跨过门槛时，财政分权对区域创新激励效应的估计系数为 -0.1526，未能通过显著性水平检验，进一步说明随着财政分权强度不断增强，其对区域创新激励的正向促进作用在达到门槛值后才会显著，意味着财政分权对区域创新激励确实存在门槛效应。鉴于此，更换核心变量的定义说明，稳健性检验结果与上面的实证分析结果相同，说明研究结论可信。

本 章 小 结

在中国经济增长过程中，一个毋庸置疑的事实是中央和地方政府所起积极作用，兼具政治集权和经济分权特征的中国财政分权激励机制能够深刻影响中央和地方积极性的发挥。那么，区域创新活动作为政府推动经济发展的重要经济行为，这种积极作用对创新是否有规律可循呢？本章在前述所提出的研究假设基础上，讨论财政分权对区域创新激励的影响效应，主要结论如下：

第一，基于全国层面，财政分权激励机制会促进区域创新水平的提高，确实改善了区域创新活动效果，但会因地区差异而表现出不同的影响效应，财政分权对东部区域创新激励的影响效应与全国层面基本保持一致，中、西部财政分权对区域创新激励的影响不显著。

第二，基于收支自主权指标、税收分成率指标、专利强度指标、市场化进程指标、系统 GMM 估计方面和分阶段六个方面进行稳健性检验，发现财政分权对区域创新激励确实具有显著的正向相关关系。

第三，各控制变量符号基本符合预期。地区经济发展显著提高了区域创新能力。然而，人力资本、对外开放及产业结构升级的回归系数并不稳定，说明人力资本、对外开放和产业升级对区域创新的影响并不稳定，需要注意防范其对区域创新产生的负面影响。

第四，财政分权与区域创新激励效应之间存在门限转换特征，财政分权对区域创新激励效应的正向促进作用在达到门槛值后变得不显著。随着财政分权强度不断提高，对区域创新的激励效应由正面促进作用最终转向负面抑制作用，但样本期间未能通过显著性检验。

第五章

财政分权与区域创新
激励：中介效应

财政分权是地方政府发挥积极性的重要激励机制，对地方政府行为构成激励和约束，而财政策略一直贯穿于政府行为逻辑的始终。本章探讨地方财政行为对区域创新激励的影响，旨在解释中国式财政分权下的地方政府行为如何影响区域创新活动，为地方政府如何培育区域创新活动提供了新的视角和政策依据。基于此背景，运用省级行政区的面板数据，采用中介效应模型从全国和地区层面分别考察地方财政行为对区域创新的影响。

第一节　财政分权、财政科技支出与区域创新激励

一、理论分析与研究假说

财政科技投入是为了支持区域创新活动而进行经费和资源的社会配置，是开展区域创新活动的重要物质基础，既能够直接提高公共福利水平，又能够作为生产要素直接投入生产活动（潘镇等，2013）。理论上，财政科技支出属于地方政府的创新性投资，该类型公共投资结构具

有周期长、见效慢、风险高、不确定性大的特点（本特·霍姆斯特罗姆，1989）。

　　按照公共选择理论的"经济人""政治人"假设，地方官员在任职期间会努力追求经济、政治利益最大化。相比于生产性投资的周期短、见效快、风险低、不确定性小和外部性强的特点，显然地方政府更加偏爱短期内见效快的生产性投资，一定程度上忽视了短期内不能产生收益的创新性投资，地方政府具有"重生产、轻创新"自利性投资偏好，缺乏区域创新性投资的动力，无疑会降低地方政府创新性支出比重（吴延兵，2017）。在"唯 GDP 论"理念下，地方官员可能不会选择加大财政科技支出力度。

　　因此，本书提出以下研究假说 1：财政分权为地方官员追求短期政绩提供制度激励，使短期内难以产生收益的财政科技支出被其他项目支出挤占，财政分权抑制了地方政府创新偏好，显然不利于区域创新效果的改善。

　　相关统计资料显示，在地方税收权限收窄的情况下，地方财政科技支出规模有了相对稳定的增长趋势。其主要原因可能是：随着国家全面实施创新驱动发展战略，对地方政府的区域创新活动提出了新的要求，成为政府绩效考核的重要内容之一，将科技创新是否达标作为"一票否决"指标。基层政府选择"向上负责"的态度，抑或为了完成上级政府的考核任务，可能会展开新型的围绕区域创新的竞争活动。地方政府已经充分认识到创新是推动经济增长的长期动力，财政科技支出具有准生产性公共物品属性（白俊红和戴玮，2017）。

　　在政治晋升激励下，科技创新作为一种生产性公共品，增长型地方政府往往具有推动区域创新发展的动机。财政分权赋予地方政府相对灵活的支出权，增长激励型地方政府为了实现经济增长会采取增加财政科技支出占比来支持区域创新系统建设，进一步说明了财政分权激励机制约束财政科技支出偏好，间接地改善区域创新效果（李政和杨思莹，2018）。

　　据此，本节提出以下研究假说 2：随着地方政府政绩考核内容的不断改善，财政分权使地方政府的创新责任增强，会增加财政科技支出占比，提高地方政府创新偏好，积极参与区域创新基础环境的建设，以改善区域创新效果。

二、研究设计

（一）模型设定

在中国式财政分权下，实证分析地方政府财政科技支出对区域创新激励效应。结合温忠麟和叶宝娟（2014）的中介效应一般检验方法，加入相应的控制变量，设定如下中介效应模型回归方程。

$$\text{inno} = \beta_1 + c \times \text{fd} + \lambda X + \varepsilon_1 \tag{5-1}$$

$$M_i = \beta_2 + a_i \times \text{fd} + \lambda X + \varepsilon_2 \tag{5-2}$$

$$\text{inno} = \beta_3 + b_i \times M_i + c' \times \text{fd} + \lambda X + \varepsilon_3 \tag{5-3}$$

其中，M_i 为中介变量，即财政科技支出（gt）。$x_{i,t} = [\text{pgdp}_{i,t}, \text{hum}_{i,t}, \text{fdi}_{i,t}, \text{ser}_{i,t}]$ 为控制变量系列向量，其系列向量系数为：$\lambda = [\lambda_1, \lambda_2, \lambda_3, \lambda_4]$；$\alpha$、b、c、c′为估计参数；$\varepsilon$ 表示随机误差项。其他参数经济意义同前文。

（二）变量选取

实证模型中的变量与前文保持一致，相关变量的指标说明如下。

被解释变量为区域创新（inno），用万人发明专利授权量（pat）作为区域创新水平的测算指标。

解释变量为财政分权（fd），运用财政分权组合指标作为其指标参数。

控制变量包括经济发展水平、人力资本水平、对外开放水平和产业发展水平。

中介变量为财政科技支出（gt）。本节采用财政科学技术支出占一般地方公共预算支出比重表示地方政府参与区域创新活动程度。财政是国家治理的基础和重要支柱，在社会经济改革过程中始终发挥着主线索和突破口作用。在支持、鼓励和引导区域创新活动过程中，财政发挥着不可替代的作用。通过考察财政分权对政府创新偏好的影响，来证明分权激励财政科技投入对区域创新活动的影响。预期财政科技投入会促进区域创新水平的提高。

（三）数据说明与描述性统计

基于地方财政行为的特征这一视角设定中介变量。这里，财政科技支出的原始数据来自相关年份《中国统计年鉴》及其计算。为了保证实证模型中的数据与前文保持一致，都采用2000～2020年中国30个省级行政区（因样本数据缺失，我国西藏和港澳台暂未涵盖）的面板数据。2007年，政府收支分类科目有所修正，对一般公共预算支出功能分类科目进行整合，2000～2006年财政科技支出与《2007年政府收支分类科目》中的解释近似地加以衔接。

表5-1显示全国和分地区财政科技支出水平。从整体上看，财政科技支出平均值为0.0154，标准差为0.0136，最小值为0.0022，最大值为0.0721，说明财政科技支出占比整体水平相对偏低，未来一段时期内财政科技支出占比水平亟须进一步提高。

表5-1　　　　　　　　财政科技支出描述性统计结果

财政科技支出	均值	标准差	最小值	最大值
全国层面	0.0154	0.0136	0.0022	0.0721
东部地区	0.0237	0.0176	0.0034	0.0721
中部地区	0.0128	0.0097	0.0027	0.0511
西部地区	0.0092	0.0042	0.0022	0.0241

资料来源：笔者整理。

在东部地区，财政科技支出平均值为0.0237，标准差为0.0176，最小值为0.0034，最大值为0.0721；在中部地区，财政科技支出平均值为0.0128，标准差为0.0097，最小值为0.0027，最大值为0.0511；

在西部地区，财政科技支出平均值为 0.0092，标准差为 0.0042，最小值为 0.0022，最大值为 0.0241。从财政科技支出方面上看，东部地区财政科技支出水平相对偏高，中部地区次之，西部地区相对偏低，进一步说明各地区财政科技支出有所差距。

三、实证发现及原因分析

（一）基准结果分析

财政科技支出的中介效应检验结果如表 5 - 2 所示。结果表明，模型（1）显示财政分权对区域创新的回归系数在 1% 水平上显著为正，说明财政分权对区域创新具有显著的正向影响，即回归系数 c 为 0.3155，通过了 5% 的显著性水平检验。模型（2）检验财政分权对财政科技支出的影响。结果表明，财政分权对财政科技支出的回归系数在 1% 水平显著为正，意味着财政分权促进了地方财政科技支出，即回归系数 a 为 0.3739。模型（3）检验财政分权和财政科技支出对区域创新的影响，将两个变量同时添加一个方程时，发现财政分权和财政科技支出的回归系数在 1% 的置信水平上都显著为正，表明财政分权对地方政府行为的激励，会提高地方政府创新偏好，间接地改善区域创新效果，即回归系数 c′ 为 0.1533，b 为 0.4337。

表 5 - 2　　　　　　　　财政科技支出的中介估计结果

变量	被解释变量（pat）		
	（1）	（2）	（3）
fd	0.3155 ** (2.31)	0.3739 *** (3.05)	0.1533 *** (8.62)
gt	—	—	0.4337 *** (10.47)

续表

变量	被解释变量（pat）		
	（1）	（2）	（3）
pgdp	1.3446 *** (23.72)	0.6535 *** (12.92)	1.0612 *** (18.02)
hum	0.0608 (0.89)	0.1871 *** (3.05)	0.0203 (0.32)
fdi	0.1343 *** (4.86)	0.0789 *** (3.21)	0.1001 *** (3.89)
ind	0.9866 *** (6.53)	0.2282 * (1.69)	0.8877 *** (6.35)
cons	0.4586 (1.21)	-5.4494 *** (-16.15)	2.8219 *** (6.79)
N	630	630	630
F	874.81 ***	214.93 ***	874.25 ***
Adj - R^2	0.8741	0.6326	0.8928

注：（1）"—"表示该项为空。
（2）***、** 和 * 分别表示在1%、5%和10%水平上显著。
（3）括号中的数值为 t 值。

上述实证结果显示回归估计系数 a、b 符号为正，ab 符号为正。根据温忠麟和叶宝娟（2014）中介效应的检验方法可知，财政科技支出符合中介效应检验标准，说明财政分权体制强化了地方官员财政科技支出责任，提高了地方政府创新偏好，从而促进区域创新发展。由于 ab 和 c′ 同符号，表明财政科技投入对区域创新的影响属于部分中介效应。财政科技支出的中介效应为 1.0578，说明财政分权对区域创新的正向效应主要是通过增加财政科技支出实现的，这与李政和杨思莹（2018）的研究结果基本保持一致，表明加大财政科技投入力度实现区域创新水平的提高是一条可行的路径，验证了前文假设2，财政分权促进了地方政府创新支出偏好，改善了区域创新活动效果。

其主要原因可能是：若地方政府掌握了规模庞大的经济资源，能够主导地方经济发展。创新驱动发展战略下，具有创新偏好的地方政府往往通过增加财政科技支出参与甚至主导区域创新系统建设。具体而言，具有较强创新偏好的地方政府会通过提高并充分利用财政科技支出引领区域创新方向，为区域创新活动提供基础知识与共性技术供给，并着力培育区域创新生态系统，打造良好的区域创新环境，促进科技成果的转化与产业化，从而有效地提升区域创新水平。

（二）进一步讨论：地区异质性

模型（1）~（9）显示东部地区财政分权、财政科技支出与区域创新激励的回归估计结果见表5-3。模型（1）~（3）显示在东部地区，财政分权对区域创新激励的回归系数在1%的置信水平上显著为正，即 c 为1.0493。财政分权对财政科技支出的回归系数为0.7273，通过了显著性检验，说明财政分权会提高财政科技支出水平，即 a 为0.7273。进一步检验发现，财政分权与财政科技支出对区域创新激励的估计系数通过了显著性检验，即 c′ 为0.2382，b 为0.8761。可知 ab 和 c′ 符号相同，说明在东部地区，财政科技支出具有部分中介效应，其中介效应占比为1.9777，意味着东部地区财政分权会促进地方政府创新偏好，进而激励区域创新系统中政府"有形之手"的作用发挥。

表5-3　　　　　　　　东部地区财政科技支出估计结果

变量	被解释变量（pat）		
	（1）	（2）	（3）
fd	1.0493 *** （4.41）	0.7273 *** （3.26）	0.2383 *** （3.42）
gt	—	—	0.8761 *** （3.67）
pgdp	1.9426 *** （25.22）	1.0403 *** （14.44）	1.6948 *** （16.22）

续表

变量	被解释变量（pat）		
	（1）	（2）	（3）
hum	0. 7632 *** （8. 18）	0. 4459 *** （5. 11）	0. 6571 *** （6. 82）
fdi	0. 0276 （0. 61）	0. 0069 （0. 16）	0. 0292 （0. 65）
ind	0. 2436 （1. 17）	0. 1347 （0. 69）	0. 2116 （1. 04）
cons	－ 3. 6838 *** （7. 51）	－ 7. 0471 *** （ － 15. 37）	－ 2. 0051 *** （2. 92）
N	231	231	231
F	431. 61 ***	146. 54 ***	378. 71 ***
Adj － R^2	0. 9035	0. 7598	0. 9079

注：（1）"—"表示该项为空。
　　（2）***、**和*分别表示在1%、5%和10%水平上显著。
　　（3）括号中的数值为 t 值。

　　模型（4）~模型（6）显示中部地区财政分权、财政科技支出与区域创新激励的回归估计结果（见表 5 - 4）。结果表明，在中部地区，财政分权对区域创新激励的估计系数为 0. 0107，即 c 为 0. 0107，未能通过显著性检验。根据温忠麟和叶宝娟（2014）的中介效应检验步骤，说明中部地区财政分权激励机制对区域创新水平的影响存在一定"遮掩效应"。本书继续采用 Bootstrap 法直接检验间接效应是否显著，结果显示，中部地区财政分权激励机制对地方财政科技投入的估计系数在 10% 的置信水平上显著为正，说明中部地区财政分权激励机制会增加财政科技支出。模型（6）显示财政分权对区域创新激励不显著，即 c′ 不显著，但财政科技支出对区域创新激励具有显著正向促进作用，说明了在中部地区，财政分权约束地方政府通过财政科技支出促进区域创新水平不显著。相比于东部地区，中部地区财政力量相对薄弱，加快经济发展一直是中部崛起战略的重要目标之一，由此可能导致地方财政科技投入会被一些经济建设性支出所挤占和压缩。

表 5 – 4 中部地区财政科技支出估计结果

变量	被解释变量（pat）		
	(4)	(5)	(6)
fd	0.0107 (0.03)	0.3444 *** (3.06)	0.1582 (0.54)
gt	—	—	0.4282 *** (6.09)
pgdp	1.7627 *** (14.26)	1.1614 *** (9.29)	1.2654 *** (9.14)
hum	0.5266 *** (3.77)	0.6177 *** (4.38)	0.2621 * (1.96)
fdi	0.1482 * (1.93)	0.2625 *** (3.38)	0.0358 (0.51)
ind	0.7086 *** (2.86)	0.8423 *** (3.37)	1.0693 *** (4.62)
cons	– 2.1563 *** (–2.77)	– 8.2829 *** (–10.53)	1.3906 (1.52)
N	168	168	168
F	316.66 ***	78.42 ***	328.91 ***
Adj – R²	0.9043	0.6986	0.9218

注：（1）"—"表示该项为空。
（2）***、** 和 * 分别表示在1%、5%和10%水平上显著。
（3）括号中的数值为 t 值。

模型（7）~模型（9）显示西部地区财政分权、财政科技支出与区域创新激励的回归估计结果（见表 5 – 5）。结果表明，在西部地区，模型（7）说明财政分权影响区域创新激励的估计系数在1%的置信水平上显著为正。模型（8）说明财政分权对财政科技支出的回归估计系数通过了1%的显著性检验。模型（8）将财政分权和财政科技支出添加到方程中，财政分权对区域创新激励仍然未能通过显著性检验，但财政科技支出对区域创新激励的回归系数在 1% 的置信水平上显著为正。但在西部地区，上述实证结果表明财政分权约束地方政府通过财政科技支出促进区域创新水平不显著，意味着传导机制的不存在。随着西部地区经济发展水平不断提高，基础设施建设相对完善，生产性公共品支出的财政缺口逐渐缩小，政府生产性财政支出的边际收益远远低于创新性投资的边际收益，成为引致地方政府重视创新性投入偏好的重要原因，有利于区域创新水平提升。

表 5 - 5　　　　　　　　　西部地区财政科技支出估计结果

变量	被解释变量（pat）		
	（7）	（8）	（9）
fd	0.6717 *** (4.03)	0.4425 *** (3.01)	0.5533 *** (3.34)
gt	—	—	0.2803 *** (3.64)
pgdp	0.5731 *** (7.04)	0.2031 *** (2.96)	0.5161 *** (6.39)
hum	0.7031 *** (6.72)	0.1154 (1.31)	0.6706 *** (6.39)
fdi	0.2743 *** (4.79)	0.0557 (1.15)	0.2587 *** (4.62)
ind	1.9913 *** (7.03)	0.1656 * (1.69)	2.0377 *** (7.38)
cons	5.6591 *** (9.83)	- 4.2511 *** (- 8.76)	6.8508 *** (10.55)
N	231	231	231
F	280.54 ***	26.45 ***	248.71 ***
Adj - R^2	0.8587	0.3562	0.8661

注：（1）"—"表示该项为空。

（2） *** 、** 和 * 分别表示在 1% 、5% 和 10% 水平上显著。

（3）括号中的数值为 t 值。

上述实证结论的主要原因在于：一方面，相比于东部地区，中部地区财政力量相对薄弱，加快经济发展一直是中部崛起战略的重要目标之一，由此可能导致地方财政科技投入会被一些经济建设性支出所挤占和压缩；另一方面，西部地区经济发展水平普遍偏低，基础设施建设相对滞后，生产性公共品支出的财政缺口偏大，且短期内政府生产性财政支出的边际收益远远大于创新性投资的边际收益，成为引致地方政府重视生产性支出而缺乏创新性投入偏好的重要原因。

第二节　财政分权、科技事权划分与区域创新激励

一、理论分析与研究假说

本书借鉴李齐云和马万里（2012）关于事权与支出责任内涵的界定，认为市场经济下政府的主要职能是公共品供给，事权内涵就是公共品的供给职责，体现在财政支出上就是支出责任。那么，创新领域事权与支出责任主要是指创新领域公共品的供给责任，体现在财政支出上就是财政科技支出责任。理论上，中国财政分权作为调整政府间财政权力关系的一种制度安排，也是划分政府间事权与支出责任的重要依据。现实中，在中国财税体制改革实践中，财政分权长期被割裂为两个子问题——财权的划分和事权的划分（罗长林，2018）。目前，在教育、医疗卫生、社会保障方面地方政府都承担着超过90%的支出责任，说明地方政府承担事权与支出责任偏高，意味着中央政府承担部分事权与支出责任占比偏低。同时，财权与事权不匹配也逐渐增加了地方财政负担。特别是我国财政体制演进中具有明显的财政收支分权的不对称性（贾俊雪等，2011），出现"财权上移、事权下放"，以及财政分权激励结构异化的现象，必然导致地方特别是基层财政"财权或财力与事权不匹

配"，严重制约了基层政府在创新领域的公共品供给能力，尤其是公共品供给"软硬失衡"与财政支出偏向问题相对突出（王永军，2013）。

中央政府事权过度下放的结果是地方政府将更多的财政支出用于满足经济增长而不是公共需要（马万里，2014）。创新领域事权逐渐下放的同时，地方政府可能尚未完全承担起创新领域事权与支出责任，存在将创新领域财政资源投入其他领域的动机。若地方政府具有这种动机，显然不利于提高区域创新绩效。尤其是中国财政分权的政治集权和经济分权之间的体制性矛盾，地方政府既要承担来自中央政府的支出责任压力，也要面对 GDP 相对政绩考核和政治晋升的压力，同时还有来自横向政府间相互竞争的压力，最终形成"为增长而竞争"的政府间关系（张建波和马万里，2018）。"为增长而竞争"会使地方政府忽视对区域创新的支持，抑或执行区域创新政策不是十分积极，以牺牲创新资源换取经济总量的快速增长。中央政府若过度转嫁支出责任给地方政府，会使地方政府陷入财政困境，必然会刺激地方政府通过降低区域创新支持强度，短期内着力拉动 GDP 经济增长效应，以实现预期财政收入的持续增长。同时，财政分权体制自身的激励扭曲和约束不足等问题进一步弱化了地方创新领域事权与支出责任机制，促使财政科技支出往往也被其他生产性支出所挤占或压缩，最终成为引致区域创新水平偏低的重要原因。

因此，本节提出研究假说1：中央政府将创新领域事权与支出责任过度下放至地方政府，显然无法有效保障辖区创新活动所需的物质基础。在增长型财政分权激励机制下，地方政府可能无法承担过多创新领域支出责任，显然不利于区域创新效果的改善。

相比于中央政府，创新领域事权划分使地方政府更具信息搜集与整理的时间成本优势与经济成本优势，对本辖区的经济社会发展更具专业化理解，进一步明确创新领域支出责任无疑有利于保障创新领域资金配置的自主性、灵活性与高效性，提升创新领域财政资金利用效率，改善政府行政效率和质量，为创新活动开展提供良好的外部环境。此外，创新领域事权明确也有利于相关部门跟踪监督创新领域资金使用效果，并依据评价结果及时作出调整，改善创新领域财政资源配置模式，强化财政支出对区域创新产出效果的改善作用。

据此，本节提出研究假说2：中央政府将创新领域事权的合理划分既能保证地区经济发展和公共物品供给的同时，也深刻影响着地区创新生态系统建设以及区域创新效率提升。

二、研究设计

（一）模型设定

在中国式分权治理模式下，科技事权划分对区域创新产生激励效应。结合温忠麟和叶宝娟（2014）的中介效应一般检验方法，加入相应的控制变量，设定如下中介效应模型回归方程：

$$inno = \beta_1 + c \times fd + \lambda X + \varepsilon_1 \qquad (5-4)$$

$$M_i = \beta_2 + a_i \times fd + \lambda X + \varepsilon_2 \qquad (5-5)$$

$$inno = \beta_3 + b_i \times M_i + c' \times fd + \lambda X + \varepsilon_3 \qquad (5-6)$$

其中，M_i 为中介变量，即科技事权划分（gd）。$x_{i,t} = [pgdp_{i,t},\ hum_{i,t},\ fdi_{i,t},\ ser_{i,t}]$ 为控制变量系列向量，其系列向量系数为：$\lambda = [\lambda_1,\ \lambda_2,\ \lambda_3,\ \lambda_4]$；$\alpha$、b、c、c′为估计参数；$\varepsilon$ 表示随机误差项。其他参数经济意义同前文。

（二）变量选取

实证模型中的变量与前文保持一致，相关变量的指标说明如下。

被解释变量为区域创新（inno），用万人发明专利授权量（pat）作为区域创新水平的测算指标。

解释变量为财政分权（fd），运用财政分权组合指标作为其指标参数。

控制变量包括经济发展水平、人力资本水平、对外开放水平和产业发展水平。

中介变量为科技事权划分（gd）。本节借鉴财政分权的方法，建立测量科技领域事权划分的指标，采用地方本级人均财政科技支出占地方本级人均财政科技支出与中央本级人均财政科技支出之和的比重表示中央政府向地方政府转嫁科技领域事权的程度。考察政府间财政收入分享机制对地方财政行为的影响，以此来证明中央政府对区域创新活动的影响。预期中央和地方在科技领域事权划分会促进区域创新水平的提升。

（三）数据说明与描述性统计

政府间科技事权和支出责任的原始数据来自相关年份《中国统计年鉴》及其计算。为了保证实证模型中的数据与前文保持一致，都采用2000～2020年中国30个省级行政区（因样本数据缺失，我国西藏和港澳台地区暂未涵盖）的面板数据。地方政府承担科技支出事权的基本情况如表5-6所示。结果表明，从全国来看，地方政府承担科技支出事权平均值为0.3531，标准差为0.2082，最小值为0.0308，最大值为0.8872，说明地区间承担科技支出责任超过了50%，超过了中央政府承担科技支出责任，最大值为最小值的4.3561倍，说明地方政府间承担科技支出事权存在相对较大的差距。随着中国财政分权程度不断提高，全国性科技事权逐渐下放至地方政府，科技领域支出责任主要由地方政府承担，这种长期稳定的财政科技支出为区域创新的基础研究、科技成果转化和推广提供了重要保障，进一步可以说明地方政府相对出色地履行了区域创新职责。

表5-6 地方政府承担科技事权的描述性统计结果

财政科技支出	均值	标准差	最小值	最大值
全国层面	0.3531	0.2082	0.0308	0.8872
东部地区	0.3573	0.2132	0.0034	0.8796
中部地区	0.3445	0.2181	0.0591	0.8726
西部地区	0.3552	0.1963	0.0589	0.8872

资料来源：笔者整理。

在东部地区，地方政府承担科技事权平均值为 0.3573，超过了全国平均水平，标准差为 0.2132，最小值为 0.0034，最大值为 0.8796；在中部地区，地方政府承担科技支出事权平均值为 0.3445，低于全国平均水平，标准差为 0.2181，最小值为 0.0591，最大值为 0.8726；在西部地区，地方政府承担科技支出责任平均值为 0.3552，标准差为 0.1963，最小值为 0.0589，最大值为 0.8872，说明西部地区地方政府承担科技事权超过了中部地区，且西部地方政府间承担科技事权差距较小。

三、实证发现及原因分析

（一）基准结果分析

中国式财政分权成为引致地方政府事权责任偏高、中央层级事权支出责任偏低的困境（马万里，2014；杨志安和邱国庆，2019）。那么，在"委托—代理"政治治理结构下，全国性创新领域事权与支出责任下放是否有利于改善区域创新效果？具体中介效应检验结果如表 5 - 7 所示。

表 5 - 7　　　　　　　　科技事权划分的中介估计结果

变量	（1）	（2）	（3）
fd	0.3155 ** (2.31)	0.0681 *** (3.29)	0.3031 ** (2.21)
gd	—	—	0.1829 * (1.76)
pgdp	1.3446 *** (23.72)	0.0405 * (1.86)	1.3372 *** (23.56)
hum	0.0608 (0.89)	0.0111 (0.42)	0.0628 (0.92)

续表

变量	（1）	（2）	（3）
fdi	0.1343 *** （4.86）	0.0427 *** （4.02）	0.1421 *** （5.08）
ind	0.9866 *** （6.53）	0.0247 ** （2.42）	0.9821 *** （6.51）
cons	0.4586 （1.21）	0.8696 （0.73）	0.5222 （1.38）
N	630	630	630
F	874.81 ***	165.38 ***	731.97 ***
Adj – R^2	0.8741	0.6609	0.8746

注：（1）"—"表示该项为空。
（2）***、** 和 * 分别表示在1%、5%和10%水平上显著。
（3）括号中的数值为 t 值。

结果表明，模型（1）显示财政分权对区域创新激励效应的回归系数为0.3155，通过了显著性水平检验，即 c 为0.3155。模型（2）显示财政分权对地方政府承担科技事权的回归估计系数为0.0681，且在1%的置信水平上显著为正，即 a 为0.0681，说明中国式财政分权制度成为地方事权支出责任偏高的重要原因，且财政分权体制自身的激励约束机制进一步强化了区域创新的监管机制。模型（3）显示财政分权和地方政府承担科技事权责任划分对区域创新激励效果在1%和10%的置信水平上都显著为正，说明中央政府将全国性创新领域事权下放有利于改善区域创新效果，即回归系数 c′为0.3031，b 为0.1829。

上述实证结果显示回归估计系数 a、b 符号为正，ab 符号为正。根据温忠麟和叶宝娟（2014）的中介效应检验程序，由于 ab 和 c′同号，说明科技事权划分具有部分中介效应，其值为0.1904，说明中央政府向地方下放更多科技领域事权有利于实现区域创新发展，这与林海波和毛程连（2015）的研究结果基本保持一致，意味着科学合理划分中央和地方创新领域事权和支出责任是改善区域创新效果的一条可行路径，验证了前文研究假设2，财政分权促使中央和地方在创新领域事权划分方面更为明确，保证了区域创新相关的公共物品有效供给。其主要原因可能在于：地方政府在支持区域创新方面具有信息比较优势，以及国家科技规划纲要、决定和政策法规进一步强化了地方政府在科技事务中的作用。

（二）进一步讨论：地区异质性

模型（1）~模型（9）显示，东部、中部和西部地区财政分权、科技事权划分与区域创新激励的回归估计结果。其中，东部地区财政分权、科技事权划分与区域创新激励的回归估计结果见表5-8。

表5-8　　　　　　　　　东部地区科技事权划分估计结果

变量	被解释变量（pat）		
	（1）	（2）	（3）
fd	1.0493 *** （4.41）	0.1778 *** （3.45）	0.0462 *** （3.09）
gd	—	—	1.0571 *** （4.43）
pgdp	1.9426 *** （25.22）	0.2874 ** （2.38）	1.9293 *** （24.75）
hum	0.7632 *** （8.18）	0.0762 （0.52）	0.7597 *** （8.14）
fdi	0.0276 （0.61）	0.0814 （1.13）	0.0238 （0.52）
ind	0.2436 （1.17）	0.0542 （0.17）	0.2461 （1.18）
cons	-3.6838 *** （-7.51）	-0.4001 （-0.52）	-3.7022 *** （-7.55）
N	231	231	231
F	431.61 ***	157.83 ***	360.16 ***
Adj - R^2	0.9035	0.7394	0.9036

注：（1）"—"表示该项为空。
（2）***、**和*分别表示在1%、5%和10%水平上显著。
（3）括号中的数值为t值。

　　模型（1）~模型（3）显示，在东部地区，现行财政分权治理模式对地方政府承担科技事权存在约束，从而对区域创新性激励效应。模型（1）表明财政分权对区域创新激励效应通过了显著性检验，即 c 为 1.0493。模型（2）表明财政分权对地方政府承担科技支出责任的约束具有显著的激励作用，即 a 为 0.1778。模型（3）表明财政分权和地方政府承担科技事权对区域创新激励效应都通过了显著性水平，即 c′ 为 0.0462，b 为 1.0571，说明中央政府向地方转嫁创新领域事权和支出责任有利于促进东部地区创新驱动发展。另外，可知 ab 和 c′符号相同，表明中央政府在创新领域分权行为存在部分中介效应。东部地区始终处于全国经济发展的重要战略地位，具有较强的经济发展能力，整体财政力量相对雄厚，显然能够承担起中央政府大量下放的全国性创新事权，且对区域创新发展具有充分的积极性，最终提升整个地区的创新动能。

　　模型（4）~模型（6）显示，在中国式财政分权治理模式下，中部地区地方政府主动承担科技事权对区域创新激励效应（见表5-9）。具体而言，模型（5）显示财政分权对区域创新激励未能通过显著性水平检验，即 c 为 0.0107。根据温忠麟和叶宝娟（2014）的中介效应检验程序，说明中部地区的财政分权对地方政府激励的影响存在"遮掩效应"。

表5-9　　　　　　　　中部地区科技事权划分估计结果

变量	被解释变量（pat）		
	(4)	(5)	(6)
fd	0.0107 (0.03)	0.5383 *** (3.94)	0.0299 (0.52)
gd	—	—	0.0231 ** (2.07)
pgdp	1.7627 *** (14.26)	0.1321 *** (3.29)	1.7657 *** (14.23)
hum	0.5266 *** (3.77)	0.1985 *** (5.08)	0.5221 *** (3.72)

变量	被解释变量（pat）		
	(4)	(5)	(6)
fdi	0.1482 * （1.93）	0.2703 *** （2.92）	0.1421 * （1.82）
ind	0.7086 *** （2.86）	0.7231 *** （6.82）	0.7088 *** （2.86）
cons	− 2.1563 *** （− 2.77）	− 1.3007 *** （− 13.65）	− 2.1265 *** （− 2.72）
N	168	168	168
F	316.66 ***	72.32 ***	262.74 ***
Adj − R^2	0.9043	0.6381	0.9039

注：（1）"—"表示该项为空。
（2）***、** 和 * 分别表示在 1%、5% 和 10% 水平上显著。
（3）括号中的数值为 t 值。

模型（5）表明财政分权对地方政府承担科技事权起到了促进作用，其回归系数为 0.5383，通过了显著性水平检验，即 a 为 0.5383。模型（6）显示财政分权对区域创新激励效应未能通过显著性水平，科技事权划分对区域创新激励效应在 1% 的置信水平上显著为正，即 c′为 0.0299，b 为 0.0231，说明在中部地区，中国现行财政分权体制对地方政府承担科技事权的约束，对区域创新治理效果不是十分理想。

模型（7）~模型（9）显示，在中国式财政分权治理模式下，西部地区地方政府主动承担科技事权对区域创新激励效应（见表 5 - 10）。结果表明，中部地区与西部地区的回归估计结果基本保持一致。模型（7）显示财政分权对区域创新激励未能通过显著性水平检验，即 c 为 0.6717。模型（8）表明财政分权显著约束了西部地方政府科技支出责任，通过了 1% 的置信水平检验，即 a 为 0.6339。模型（9）显示财政分权和地方政府科技支出事权对区域创新激励效应都未能通过显著性水平，即 c′为 0.6635，b 为 − 0.0129，说明了西部地区未能发挥具有国家重要职能的地方财政行为在推动区域创新发展的独特优势。可见，分权激励机制对西部地区政府行为未能产生显著影响，地方政府"为增长而竞争"的执政理念尚未发生转变。

表 5 - 10　　　　　　　西部地区科技事权划分估计结果

变量	被解释变量（pat）		
	（7）	（8）	（9）
fd	0.6717 *** (4.03)	0.6339 *** (2.78)	0.6635 (0.91)
gd	—	—	- 0.0129 (- 0.26)
pgdp	0.5731 *** (7.04)	0.0191 (0.17)	0.5727 *** (7.03)
hum	0.7031 *** (6.72)	0.0625 (0.44)	0.7038 *** (6.71)
fdi	0.2743 *** (4.79)	0.0266 (0.34)	0.2747 *** (4.78)
ind	1.9913 *** (7.03)	0.0378 (0.11)	1.9917 *** (7.01)
cons	5.6591 *** (9.83)	- 1.1666 *** (- 1.48)	5.6441 *** (9.73)
N	231	231	231
F	280.54 ***	132.31 ***	232.83 ***
Adj - R^2	0.8587	0.3305	0.8581

注：（1）"—"表示该项为空。
（2）***、**和*分别表示在1%、5%和10%水平上显著。
（3）括号中的数值为 t 值。

　　其主要原因可能是：东部地区始终处于全国经济发展的重要战略地位，具有较强的经济发展能力，整体财政力量相对雄厚，显然能够承担起中央政府大量下放的全国性创新事权，且对区域创新发展具有充分的积极性，最终能够提升整个地区的创新动能。但中部和西部地方政府可能无法承担起来自中央政府大量转嫁的全国性科技创新领域支出责任，中国现行财政分权体制对中部和西部地方政府科技事权和支出责任的激励和约束对区域创新治理效果不是十分理想。

第三节　财政分权、地方税收与区域创新激励

一、理论分析与研究假说

一般意义上，财政分权是在既有制度框架下中央政府赋予地方政府一定的税收自主支配权，主要包括税种设置与税率制定（谢乔昕，2014）。在兼顾"政治集权和经济分权"财政分权下，地方政府为了争夺更多财政资源而展开横向的税收竞争（彭薇，2016）。如地方政府通过实施企业差别化征税策略（雷平和张宁亭，2015），利用一些税收优惠政策降低企业实际税负以吸引或留住资本，不规范税收行为容易引起宏观税负水平剧烈波动，甚至威胁了经济增长的稳定性、长期性。中国财政分权下地方官员除了政治激励之外，还有财政收入激励和私人收益激励（马万里，2015）。无论是地方官员的财政收入激励还是私人收益激励，都与地区税收负担息息相关。除了地方政府完成上级政府制定的税收计划外，为了拥有更大财政支出的自由裁量权，地方政府会采取不同策略尽可能提高财政收入水平，以满足地方官员工资收入、公用经费标准、部门福利甚至寻租收入。然而，一般公共服务支出的扩张需要依赖地方政府预算内外收入，但主要来自地方政府税收收入，进而对地方税收产生一定压力。

税收作为影响区域创新活动的重要因素之一。若想提高区域创新绩效，需要尽可能降低地区税负负担水平，甚至要将税收权力"关进制度

的笼子里"，也要严格限制地方税收竞争行为，才能更好改善区域创新基础环境。现实中，税收政策的作用机理及其效应可能更为复杂。地方税收反映了财政能力水平，只有在相对充足的税收安排下，政府才能有足够的资源去营造一个有利于提高创新水平的基础设施环境（Aschauer，1988），才能有效保证辖区创新领域公共物品供给，完善适配创新领域的相关配套措施，确保区域内多元创新主体产生协同效应，经济个体有效规避创新活动的外部性，意味着宏观税负高的地区往往创新基础设施投入规模也会增加，财政分权程度较高的地方政府也能够更好地利用税收支持区域创新活动（张希等，2014；吴菲等，2018）。若将宏观税负维持在合理范围之内，既能保证公共服务的有效供给，又能防范对区域创新活动产生负面效应（赫彼希等，1994）。

据此，本节提出研究假说 1：财政分权提高了地方税收自主支配权，实现了预期财政收入，有利于发挥地方税收对区域创新活动的引领和保障作用，提升区域创新效率。

基于政企互动关系的视角，财政收支和税收的关系是政府和企业之间的核心内容（安苑和王珺，2012）。地方税收一直都是地方财政收入的主要来源。由于地方税收征管具有相对自主的弹性空间，政府会根据预期财政收入变化实施税收具体征管策略，同时企业面对税收环境也会采取一定措施，从而改变了原有的财税关系，进而影响企业管理层对未来的技术研发投资决策。若地方政府长期处于财政困境，地方政府可能激励或者要求辖区企业增加投资规模，通过加强对企业税收的征管实现增加预期财政收入，导致企业实际税负负担的增加。此外，地方政府掌控着一些行政审批、土地转让、税收优惠等经济行政权力，拥有一定的资源配置权和经济控制力，深刻影响着企业创新投资行为，改变了企业资源配置模式。为了实现利益最大化，企业可能选择短期化的投资行为，不会考虑回报周期长且风险大的创新性投资。

据此，本节提出研究假说 2：增长型财政分权激励机制加剧了地方税收行为波动，影响企业的资源配置，弱化了地方税收对企业创新活动的引领作用，阻碍了区域创新效果的改善。

二、研究设计

(一) 模型设定

在中国式分权治理模式下，地方税收对区域产生创新激励效应。结合温忠麟和叶宝娟（2014）的中介效应一般检验方法，加入相应的控制变量，设定如下中介效应模型回归方程。

$$\text{inno} = \beta_1 + c \times \text{fd} + \lambda X + \varepsilon_1 \qquad (5-7)$$

$$M_i = \beta_2 + a_i \times \text{fd} + \lambda X + \varepsilon_2 \qquad (5-8)$$

$$\text{inno} = \beta_3 + b_i \times M_i + c' \times \text{fd} + \lambda X + \varepsilon_3 \qquad (5-9)$$

其中，M_i 为中介变量，即地方税收（lt）。$x_{i,t} = [\text{pgdp}_{i,t}, \text{hum}_{i,t}, \text{fdi}_{i,t}, \text{ser}_{i,t}]$ 为控制变量系列向量，其系列向量系数为：$\lambda = [\lambda_1, \lambda_2, \lambda_3, \lambda_4]$；$\alpha$、$b$、$c$、$c'$ 为估计参数；ε 表示随机误差项。其他参数经济意义同前文。

(二) 变量选取

实证模型中的变量与前文保持一致，相关变量的指标说明如下。

被解释变量为区域创新（inno），用万人发明专利授权量（pat）作为区域创新水平的测算指标。

解释变量为财政分权（fd），运用财政分权组合指标作为其指标参数。

控制变量包括了经济发展水平、人力资本水平、对外开放水平和产业发展水平。

中介变量为地方税收（lt）。关于地方税收的指标，本节借鉴杨灿明和詹新宇（2016）的做法，采用全国税务部门组织收入占地区 GDP 比重表示地方税收能力，表示宏观税收负担水平。税收的调控机理及效果相对复杂，税收对区域创新激励效应的结论导向也相对模糊。

(三) 数据说明与描述性统计

地方税收的原始数据来自相关年份《中国税务年鉴》及其计算。

为了保证实证模型中的数据与前文保持一致，都采用 2000~2020 年中国 30 个省级行政区（因样本数据缺失，我国西藏和港澳台暂未涵盖）的面板数据。地方税收基本情况如表 5-11 所示。从全国来看，地方政府宏观税收负担的平均值为 0.0839，标准差为 0.0401，最大值为 0.3343，最小值为 0.0055，说明地方政府宏观税收负担水平相对较高，呈现不断提高的发展态势，意味着地方政府税收能力相对较强，进一步说明中央和地方间税收制度经过不断的探索和调整，目前已经形成了较为完整的税制体系，税制结构框架相对清晰，亦契合我国的经济发展道路。在东部地区，地方政府宏观税收负担水平相对较高，均值为 0.1021，标准差为 0.0495，最小值为 0.0361，最大值为 0.3343。在中部地区，地方政府宏观税收负担水平的均值为 0.0643，标准差为 0.0206，最小值为 0.0345，最大值为 0.1366。在西部地区，宏观税收负担水平均值为 0.0799，标准差为 0.0315，最小值为 0.0055，最大值为 0.2696。可见，东部地区宏观税负负担水平最强，西部地区次之，中部地区有待于进一步提高，也说明东部、中部与西部地区之间税收能力存有差异。

表 5-11　　　　　　　　　宏观税负描述性统计结果

宏观税负	均值	标准差	最小值	最大值
全国层面	0.0839	0.0401	0.0055	0.3343
东部地区	0.1021	0.0495	0.0361	0.3343
中部地区	0.0643	0.0206	0.0345	0.1366
西部地区	0.0799	0.0315	0.0055	0.2696

资料来源：笔者整理。

三、实证发现及原因分析

（一）基准结果分析

地方税收水平是影响区域创新能力的重要因素。较高的地方税负水平并不必然阻碍区域创新能力的提升。财政分权、地方税收与区域创新激励效应的检验结果如表 5 - 12 所示。

表 5 - 12　　　　　　　　　地方税收的中介估计结果

变量	被解释变量（pat）		
	（1）	（2）	（3）
fd	0. 3155 ** （2. 31）	0. 9628 *** （12. 88）	0. 0117 *** （3. 16）
lt	—	—	0. 3042 ** （1. 97）
pgdp	1. 3446 *** （23. 72）	0. 1313 *** （4. 26）	1. 3462 *** （23. 39）
hum	0. 0608 （0. 89）	0. 3096 *** （8. 28）	0. 0572 （0. 79）
fdi	0. 1343 *** （4. 86）	0. 0802 *** （5. 33）	0. 1333 *** （4. 71）
ind	0. 9866 *** （6. 53）	0. 9771 *** （11. 88）	0. 9751 *** （5. 82）
cons	0. 4586 （1. 21）	- 2. 4095 *** （- 11. 71）	0. 4868 *** （3. 16）
N	630	630	630
F	874. 81 ***	138. 06 ***	727. 86 ***
Adj - R^2	0. 8741	0. 5214	0. 8752

注：（1）"—"表示该项为空。
（2）***、** 和 * 分别表示在 1% 、5% 和 10% 水平上显著。
（3）括号中的数值为 t 值。

模型（1）显示财政分权对区域创新激励效应的回归系数 c 为 0. 3155，且通过了显著性水平检验。模型（2）显示财政分权对地方政府宏观税收负担在 1% 的置信水平上显著为正，说明财政分权抑制了地方税收收入，即 a 为 0.9628。模型（3）显示财政分权的回归系数在 1%的置信水平上显著为正，即回归系数 c′为 0.0117，而地方税收的回归估计系数在 1%的置信水平上显著为负，回归系数 b 为 0.3042。

上述实证结果显示回归估计系数 a、b 符号为正，ab 符号为正，根据温忠麟和叶宝娟（2014）的中介效应检验方法，由于 ab 和 c′相同，说明地方税收对区域创新激励的影响存在部分中介效应。地方税收的中介效应值为 0.0124，这与吴非等（2018）的研究结果保持一致，验证了前文研究假说 1，财政分权提高了地方税收自主支配权，实现了地方税收资源配置对区域创新活动的引领作用，意味着拥有较大财政分权的地方政府能够更好地利用税收支持区域创新活动。地方政府不会利用税收手段过度干预区域经济系统中的经济福利，有能力将税收资源配置到符合当前经济高质量导向的创新领域，进一步完善创新配套基础设施的建设，最终影响区域创新产出效果。

其主要原因在于：地方政府想要更好提高区域经济增长的创新动能，必须尽可能降低辖区宏观税收负担，甚至要将税收"关进制度的笼子"，从严管制地方税收竞争行为，以打开区域创新动能发展的空间。另外，地区的税收水平与当地政府的财政力量息息相关。这意味着，只有在一定强度的税收安排下，地方政府才能有足够的财政资源才能去支持、引导及激励区域创新动能的培育（Aschauer，1988）。地方税收努力程度的提高无疑会改善辖区政府财力，积极培育创新动能的基础设施建设，且有效克服辖区创新活动所带来的外部性，最终改善区域创新效果。

（二）进一步讨论：地区异质性

模型（1）~模型（9）显示东部、中部和西部地区财政分权、地方税收与区域创新激励的回归估计结果。模型（1）~模型（3）显示在东部地区，财政分权、地方税收与区域创新激励的中介效应结果（见表 5-13）。其中，财政分权与区域创新激励具有显著正向相关关系，且通过了显著性水平检验，即 c 为 1.0493。模型（2）显示财政分权会显著促进地方政府宏观税收能力，即 a 为 1.3636，在 1% 的置信水平上显著。模型（3）显示财政分权与区域创新激励仍然在 1% 的置信水平上显著为正，但地方税收对区域创新激励效应在 1% 的置信水平上显著为负，即 c′ 为 1.4193，b 为 -0.2714。根据温忠麟和叶宝娟（2014）的中介效应检验方法，由于 ab 和 c′ 符号相同，说明在东部地区，地方税收激励对区域创新水平具有部分中介效应，这与全国层面基本保持一致，意味着财政分权对地方税收努力行为的约束一定程度上有利于改善区域创新效果。

表 5 - 13　　　　　　　　东部地区科技事权划分估计结果

变量	被解释变量（pat）		
	（1）	（2）	（3）
fd	1.0493 *** （4.41）	1.3636 *** （11.76）	1.4193 *** （4.72）
lt	—	—	-0.2714 ** （-1.99）
pgdp	1.9426 *** （25.22）	0.2881 *** （7.69）	1.8644 *** （21.68）
hum	0.7632 *** （8.18）	0.1551 *** （3.42）	0.8053 *** （8.47）
fdi	0.0276 （0.61）	0.0632 *** （2.84）	0.0104 （0.22）
ind	0.2436 （1.17）	1.2849 *** （12.67）	0.5923 ** （2.18）
cons	-3.6838 *** （7.51）	-1.2157 *** （-5.11）	-4.0137 *** （-7.81）
N	231	231	231
F	431.61 ***	143.44 ***	365.07 ***
Adj - R^2	0.9035	0.7559	0.9047

注：（1）"—"表示该项为空。

（2）***、** 和 * 分别表示在 1%、5% 和 10% 水平上显著。

（3）括号中的数值为 t 值。

其主要原因在于：地方政府制定相对规范的税收优惠政策以及形成良好的内部制度环境和外部约束机制，能够对地方政府税收行为产生一定约束。在东部地区，技术创新已经成为新时代经济高质量发展的重要动力，地方政府参与区域技术创新活动具有充分的积极性，税收激励能够保证地方政府在区域技术创新活动中作用的发挥，使得地方政府掌握更多的财政资源，能够强化地方政府技术创新责任意识，提高税收努力程度和财政支出效率，进一步激发地方官员的企业家精神。与此同时，税收激励促使地方政府积极培育区域技术创新动能的基础设施建设，从而有效克服辖区技术创新活动所带来的外部性，进而提高区域技术创新水平。

模型（4）～模型（6）显示在中部地区财政分权、地方税收与区域创新激励的中介效应结果（见表 5 – 14）。模型（1）显示财政分权与区域创新激励具有正向相关关系，未能通过显著性水平检验，即 c 为 0.0107。模型（2）显示财政分权显著促进了地方政府宏观税收负担水平，即 a 为 1.6622。模型（3）显示财政分权、地方税收与区域创新激励仍然不显著，即 c′ 为 0.2432，b 为 0.1399。根据温忠麟和叶宝娟（2014）的中介效应检验方法，由于 ab 和 c′ 符号相同，但未能通过显著性检验，说明在中部地区，地方税收激励对区域创新水平的中介效应不显著，意味着在中部地区，中国现行财政分权体制对地方政府税收行为的约束对区域创新激励的治理效果不是十分明显。

表 5 – 14　　　　　　　　　中部地区地方税收估计结果

变量	被解释变量（pat）		
	（4）	（5）	（6）
fd	0.0107 (0.03)	1.6622 *** (10.33)	0.2432 (0.59)
lt	—	—	0.1399 (0.89)

变量	被解释变量（pat）		
	(4)	(5)	(6)
pgdp	1.7627 *** (14.26)	0.0163 (0.26)	1.7604 *** (14.23)
hum	0.5266 *** (3.77)	0.5693 *** (8.13)	0.4469 *** (2.72)
fdi	0.1482 * (1.93)	0.2256 *** (5.85)	0.1166 (1.38)
ind	0.7086 *** (2.86)	0.1148 (0.93)	0.6926 *** (2.79)
cons	− 2.1563 *** (−2.77)	− 3.8488 *** (−9.86)	− 1.6178 * (−1.64)
N	168	168	168
F	316.66 ***	48.89 ***	263.68 ***
Adj − R^2	0.9043	0.5891	0.9042

注：（1）"—"表示该项为空。
（2） *** 、 ** 和 * 分别表示在1%、5%和10%水平上显著。
（3）括号中的数值为 t 值。

其主要原因在于：在中部地区，各省份经济发展呈现高速增长趋势，各地方官员政绩考核压力相对较大，促使地方政府间形成"为增长而竞争"的格局。税收激励是地方政府发挥作用的重要机制，刺激地方政府将更多地关注本辖区的经济发展而采取扩大辖区招商引资规模，以实现短期内经济迅速增长。虽然税收激励赋予了地方政府更多的财政资源，但在 GDP 锦标赛的晋升激励机制下，地方政府普遍具有短视化投资偏好，会产生一些异化行为，也会扭曲区域技术创新的市场机制资源配置的功能。可见，税收激励对区域技术创新具有挤出效应有其内在的必然逻辑，忽视甚至抑制对区域技术创新的支持。此外，税收激励也未能强化地方政府科技创新责任意识，进而不利于区域技术创新水平的提高。

表 5 - 15 的模型（7）~ 模型（9）显示，在西部地区财政分权、地方税收与区域创新激励的中介效应结果与东部地区估计结果基本保持一致。财政分权对区域创新激励和地方政府税收努力通过了显著性检验，说明在西部地区，财政分权对地方政府税收行为的约束能够较好地改善区域创新活动效果，意味着中介效应不明显。基于这一结果，本节认为在西部地区，税收激励对区域技术创新的影响不明显。产生这一结果的主要原因可能在于：从样本数据上看，西部地区创新水平的专利数平均值为 2.0789 项/万人，低于全国平均水平的 5.1989 项/万人，大约为东部地区的 1/3。西部地区增值税和企业所得税分成程度平均值分别为 0.4736、0.2690，大约占东部地区的 1/2。可见，经济发展水平相对落后的西部地区，税收激励程度也相对较低，其他收入来源也相对较少，对中央转移支付依赖程度不断增加，地方政府参与区域技术创新活动的引领与保障能力尚未完全培育起来，区域技术创新管理模式仍需进一步探索，无法有效改善区域技术创新整体环境，对区域技术创新的影响自然不显著。

表 5 - 15　　　　　　　　　　西部地区地方税收估计结果

变量	被解释变量（pat）		
	（7）	（8）	（9）
fd	0.6717 *** (4.03)	0.4663 *** (4.01)	0.5048 (1.45)
gd	—	—	0.3579 (1.01)
pgdp	0.5731 *** (7.04)	0.0106 (0.19)	0.5768 *** (7.31)
hum	0.7031 *** (6.72)	0.3605 *** (4.95)	0.8321 *** (7.78)

续表

变量	被解释变量（pat）		
	（7）	（8）	（9）
fdi	0.2743 *** （4.79）	0.0121 （0.31）	0.2701 *** （4.85）
ind	1.9913 *** （7.03）	0.4854 ** （2.46）	1.8175 *** （6.52）
cons	5.6591 *** （9.83）	-3.5135 *** （-8.76）	6.9165 *** （10.68）
N	231	231	231
F	280.54 ***	13.27 ***	250.64 ***
Adj－R^2	0.8587	0.2106	0.8669

注：（1）"—"表示该项为空。
（2）***、**和*分别表示在1%、5%和10%水平上显著。
（3）括号中的数值为t值。

第四节　财政分权、土地财政与区域创新激励

一、理论分析与研究假说

在分税制改革和"标尺竞争"的驱动下，地方政府具有实施土地财政策略的激励和动力，土地出让金是政府性基金收入的重要组成部分，是地方政府规避中央财政预算约束的重要方式（杨志安和邱国庆，2019）。财政分权为地方政府攫取公共预算外财政收益提供了激励制度（吴群和李永乐，2010），对地方政府的土地出让行为具有显著的正向激励作用（卢洪友等，2011），说明财政分权程度越高，对地方政府土地出让行为的激励效应越强，实质上地方政府实施"土地财政"策略主要是为了弥补地方财力缺口，缓解辖区财政压力，更好地发挥地方政

府"援助之手"的作用，实际上是一种"无奈之举"，更是一种"冲动"行为（武康平和闫勇，2012），同时也是地方官员的一种理性选择（杨海涛，2014）。分税制集中财权使地方政府逐渐走向以土地征用、开发和出让为主的发展模式，认为土地财政规模扩张只是分税制改革过程中的意外结果（孙秀林和周飞舟，2013），成为引致地方政府事权的不断扩大继而引发土地财政扩张的主要原因（刘佳和吴建南，2015），也是横向地方政府间追逐政绩竞争作用的必然结果，土地财政并未改善公共预算内"重投资、轻服务"的财政支出结构（李一花等，2015），但最终实现了地方政府财政收入的既定政策目标（郭贯成和汪勋杰，2014），为更好地履行地方政府的政治、经济、文化、社会等职能提供一定的财力保障。

从理论上看，区域创新具有天然的外部性需要政府的参与。现实中，工业化过程中国家创新能力的提升也需要政府相关配套政策支持。然而，政府间在竞争创新资源方面存在一定类型的"马太效应"，经济相对发达地区越容易聚集创新资源，最终会提高区域创新绩效（阎波等，2018；吴建南，2018），说明了要想实现区域创新资源集聚必须加大财政支持力度。地方政府作为土地财政与区域创新的重要纽带，理应成为分析二者关系的逻辑起点。土地财政有利于改善基础设施（汤玉刚和陈强，2012；田传浩等，2014），也会带来一些负面效应，如助推房价过快上涨（宫汝凯，2015；唐云锋和马春华，2017）、诱发土地违法和寻租腐败（齐红倩等，2017）以及存在大规模举债（张曾莲和严秋斯，2018）等问题。毫无疑问，地方政府实施土地财政策略有利于缓解财政压力，意味着地方政府拥有相对充足的财力。在土地财政发展初期，地方政府具有相对充足的财力能够进一步支持创新基础设施环境的改善，尤其是交通、通信以及其他基础设施等，吸引更多高新技术企业的入驻，积极为区域创新活动营造良好的环境，也有充足的资本进一步支持高校及科研机构发展，显然土地财政能够为实现区域创新资源集聚提供充足的财力保障，最终对区域创新水平的提高起到重要的促进作用。

因此，本节提出研究假设 1：增长型财政分权激励机制加剧了地方政府的土地财政依赖度，使其成为地方财政收入的重要来源，更好地发挥土地财政对区域创新的补给效应，实现区域创新政策的预期目标。

随着土地财政收入规模的不断扩大，土地财政作用不仅是为了缓解地方财政压力，更成为地方政府追求政绩的重要手段之一。由于财政分权对地方政府具有多元化激励结构，为了完成相应的政绩，必然越来越依赖土地财政，存在大肆发展土地财政的动机，这种行为一定程度上破坏了区域创新的制度环境。尤其是在晋升和政绩双重压力下，地方政府采取一些短视行为促进地方经济增长，如低价出让工业用地、提高居民用地价格，在一定程度上助推了房价过快上涨。地方政府这种重投资的行为会带来房地产企业投资刺激，继而引发房地产企业投资过热。企业对高风险、高投入、长周期的框架创新缺乏一定热情，更愿意将资金投入低风险、高回报的房地产市场。政府和企业作为创新的重要供给主体，都对土地和房地产市场充满热情，一定程度上提高了创新生产要素成本，挤占和压缩了创新要素的投入，对创新资源聚集产生"挤出效应"，最终土地财政又会对区域创新产生阻碍作用。

据此，本节提出研究假说 2：在增长型财政分权激励下，地方政府实施土地财政进一步固化"重生产、轻服务"支出偏好，对企业创新要素存在"挤出效应"和对制度环境造成的负面影响成为阻碍区域创新的重要机制。

二、研究设计

（一）模型设定

在中国式分权治理模式下，土地财政对区域创新产生激励效应。结合温忠麟和叶宝娟（2014）的中介效应一般检验方法，加入相应的控制变量，设定如下中介效应模型回归方程：

$$\text{inno} = \beta_1 + c \times \text{fd} + \lambda X + \varepsilon_1 \qquad (5-10)$$

$$M_i = \beta_2 + a_i \times \text{fd} + \lambda X + \varepsilon_2 \qquad (5-11)$$

$$\text{inno} = \beta_3 + b_i \times M_i + c' \times \text{fd} + \lambda X + \varepsilon_3 \qquad (5-12)$$

其中，M_i 为中介变量，即土地财政（lf）。$x_{i,t} = [\text{pgdp}_{i,t}, \text{hum}_{i,t}, \text{fdi}_{i,t}, \text{ser}_{i,t}]$ 为控制变量系列向量，其系列向量系数为：$\lambda = [\lambda_1, \lambda_2, \lambda_3, \lambda_4]$；$\alpha$、b、c、$c'$ 为估计参数；ε 表示随机误差项。其他参数经济意义同前文。

（二）变量选取

实证模型中的变量与前述保持一致，相关变量的指标说明如下。

被解释变量为区域创新（inno），用万人发明专利授权量（pat）作为区域创新水平的测算指标。

解释变量为财政分权（fd），运用财政分权组合指标作为指标参数。

控制变量包括了经济发展水平、人力资本水平、对外开放水平和产业发展水平。

中介变量为土地财政（lf）。本节借鉴鲁元平等（2018）的做法，采用土地出让金收入占财政预算内收入比重表示政府土地财政依赖度。土地财政具有较强的负外部性，对政府财政支出偏好、企业创新要素的"挤出效应"以及制度环境都会产生一定负面影响。预期土地财政会阻碍区域创新水平提高。

（三）数据说明与描述性统计

土地财政的数据来自相关年份的《中国国土资源统计年鉴》及其计算。为了保证实证模型中的数据与前文保持一致，由于 2018～2020 年《中国国土资源统计年鉴》尚未公开，本书采用 2000～2017 年中国 30 个省级行政区（因样本数据缺失，我国西藏和港澳台暂未涵盖）的面板数据。土地财政基本情况如表 5-16 所示。从全国来看，地方政府对土地财政依赖程度均值为 0.3735，标准差为 0.2427，最小值为 0.0035，最大值为 1.7047，说明地方政府对土地财政依赖程度相对偏高，呈现不断提高的发展态势。在东部地区，地方政府对土地财政依赖程度均值为 0.4366，标准差为 0.2503，最小值为 0.0052，最大值为 1.7047。在中部地区，地方政府对土地财政依赖程度均值为 0.3567，标准差为 0.2372，最小值为 0.0035，最大值为 1.0917。在西部地区，地方政府对土地财政依赖程度均值为 0.3225，标准差为 0.2254，最小值为 0.0148，最大值为 1.0213。可见，在东部地区，地方政府对土地财政依赖程度最高，中部地区次之，西部地区最低，说明东部、中部与西部地方政府之间土地财政依赖程度有差异。

表 5 –16 土地财政的描述性统计结果

土地财政	均值	标准差	最小值	最大值
全国层面	0.3735	0.2427	0.0035	1.7047
东部地区	0.4366	0.2503	0.0052	1.7047
中部地区	0.3567	0.2371	0.0035	1.0917
西部地区	0.3225	0.2254	0.0148	1.0213

资料来源：笔者整理。

三、实证发现及原因分析

（一）基准结果分析

土地财政是地方政府性基金收入的重要来源，政府职能的履行离不开土地财政收入，财政分权为地方政府具有扩张土地财政收入动机提供制度激励。财政分权、土地财政与区域创新激励的中介效应检验结果如表 5 –17 所示。模型（1）显示财政分权的回归系数 c 为 1.4384，且通过了显著性水平检验。模型（2）显示财政分权对地方政府土地财政依赖程度的回归估计系数在 1% 的置信水平上显著为负，说明财政分权并不是导致地方政府扩张土地财政行为的原因，即回归系数 a 为 –1.1341。模型（3）检验财政分权和土地财政对区域创新在 1% 的置信水平上显著为正，表明土地财政能够促进区域创新水平，即 c' 为 0.2449，b 为 1.7162。

表 5－17　　　　　　　　　土地财政的中介估计结果

变量	被解释变量（pat）		
	(1)	(2)	(3)
fd	1.4384 *** (0.2001)	− 1.1341 *** (0.2259)	0.2449 *** (0.0369)
lf	—	—	1.7162 *** (0.1970)
pgdp	0.3037 *** (0.0181)	0.0059 (0.0205)	0.3022 *** (0.0175)
hum	0.6768 *** (0.0594)	1.0248 *** (0.0671)	0.4258 *** (0.0685)
fdi	− 0.1013 *** (0.0276)	− 0.0176 *** (0.0291)	− 0.0970 (0.0248)
ind	0.1224 (0.1694)	− 0.4102 ** (0.1913)	0.2228 (0.1637)
cons	2.8697 *** (0.3669)	2.3015 *** (0.4142)	2.3061 *** (0.3630)
N	540	540	540
F	518.15 ***	78.84 ***	474.02 ***
Adj－R^2	0.8275	0.4193	0.8404

注：（1）"—"表示该项为空。
（2）***、** 和 * 分别表示在 1%、5% 和 10% 水平上显著。
（3）括号中的数值为标准误差值。

　　上述实证结果表明，回归估计系数 a 为负，b 为正，ab 为负，根据温忠麟和叶宝娟（2014）的中介效应检验方法，由于 ab 和 c' 符号相异，说明地方土地财政行为对区域创新激励的影响存在一定"遮掩效应"，从一定程度上说明了财政分权通过激励地方政府增加土地财政收入来改善实现区域创新效果，这与白彦锋和贾思宇（2019）和张充（2019）的研究结果基本保持一致，验证了前文研究假说1，财政分权使地方拥有相对自主的土地配置权，通过实现预期财政收入目标，对区域创新资源集聚提供充足的财力保障。

那么，如何理解这种"遮掩效应"现象？随着土地财政收入规模的扩大，地方政府融资渠道进一步扩宽，政府性基金收入显著增加，地方财政困境有所缓解，有利于地方政府进一步完善基础设施建设，能够为区域创新提供更加坚实的物质基础，也有利于进一步改善区域营商环境，吸引技术创新所需的人力以及资本要素集聚，对区域创新水平的提高具有明显的促进作用。随着政府间转移支付等制度不断完善和调整，以及区域创新水平快速提升，土地财政的正外部性也面临着边际递减的可能，这也成为土地财政出现"遮掩效应"现象的重要原因之一。

（二）进一步讨论：地区异质性

模型（1）~模型（9）显示东部、中部和西部地区财政分权、土地财政与区域创新激励的中介效应回归估计结果（见表5-18）。模型（1）~模型（2）显示，在东部地区，财政分权对区域创新激励具有显著正面效应，财政分权对地方政府土地财政依赖程度的回归系数显著为负，说明财政分权程度越高，地方政府对土地财政依赖程度越低，即a为 -0.2709。模型（3）显示财政分权与土地财政对区域创新激励的回归系数在1%的置信水平上显著为正，即 c′为2.5734，b为0.3912，说明在东部地区，财政分权激励机制对地方土地财政行为的约束，会促进区域创新水平提高。由于 ab 与 c 的符号方向相反，表明地方土地财政行为影响区域创新效果存在一定"遮掩效应"现象，进一步说明了东部地区起步阶段的土地财政能够显著地增强地方政府对区域创新的支持能力，但随着地方政府土地财政规模的不断增加，地方土地财政行为的负外部性也逐渐显现。

表 5－18　　　　　　　　　　东部地区土地财政估计结果

变量	被解释变量（pat）		
	（1）	（2）	（3）
fd	2.4674 ***	－ 0.2709 **	2.5734 ***
	（0.3702）	（0.1367）	（0.3710）
lf	—	—	0.3912 **
			（0.1938）
pgdp	0.3409 ***	0.0027	0.3399
	（0.0226）	（0.0083）	（0.0224）
hum	0.2269 **	0.2947 ***	0.1116
	（0.1033）	（0.0381）	（0.1173）
fdi	－ 0.0573	－ 0.0032	－ 0.0560
	（0.0457）	（0.0169）	（0.0453）
ind	－ 0.6209 **	－ 0.5348 ***	－ 0.4117
	（0.2668）	（0.0985）	（0.2842）
cons	0.8249	1.1369 ***	0.3802
	（0.5082）	（0.1877）	（0.5503）
N	198	198	198
F	189.15 ***	20.96 ***	160.82 ***
Adj － R²	0.8268	0.3363	0.8296

注：（1）"—"表示该项为空。
（2）***、** 和 * 分别表示在 1%、5% 和 10% 水平上显著。
（3）括号中的数值为标准误差值。

表 5－19 模型（4）～模型（6）显示在中部地区，财政分权、土地财政与区域创新激励的中介效应结果。模型（4）显示财政分权对区域创新激励不显著。根据温忠麟和叶宝娟（2014）的中介效应检验程度，说明中部地区财政分权激励机制对地方财政行为的影响存在"遮掩效应"。本节继续采用 Bootstrap 法直接检验间接效应。结果显示，在中部地区，财政分权对地方政府土地财政依赖程度的回归系数通过了显著性

水平检验。模型（6）显示财政分权与土地财政对区域创新激励的回归系数都通过了显著性水平检验，说明在财政分权体制下，地方政府对土地财政依赖程度具有一定显著间接效应，意味着中部地区财政分权激励机制会增加政府土地财政收入，以显著增强区域创新能力，同时也具有"遮掩效应"。土地财政作为政府财政收入重要来源，对中部地区创新活动具有一定补给效应，既能够缓解地方财政压力，也能为区域创新活动提供强有力的物质支持。

表 5 – 19　　　　　　　　　　中部地区土地财政估计结果

变量	被解释变量（pat）		
	（4）	（5）	（6）
fd	0.2400 （0.2984）	– 0.6748 *** （0.1553）	0.7520 ** （0.2934）
lf	—	—	0.7587 *** （0.1508）
pgdp	1.6336 *** （0.1077）	0.0406 （0.5600）	1.6028 *** （0.0995）
hum	– 0.4131 *** （0.1406）	0.2006 *** （0.0732）	– 0.5652 *** （0.1331）
fdi	– 0.0280 （0.0361）	– 0.0067 （0.0188）	– 0.0229 （0.0333）
ind	0.2942 （0.2260）	0.0167 （0.1176）	0.2815 （0.2084）
cons	– 2.2672 *** （0.7100）	0.8597 ** （0.3695）	– 2.9195 *** （0.6674）
N	144	144	144
F	207.00 ***	13.08 ***	207.10 ***
Adj – R^2	0.8781	0.2969	0.8963

注：（1）"—"表示该项为空。
（2）***、** 和 * 分别表示在 1%、5% 和 10% 水平上显著。
（3）括号中的数值为标准误差值。

表5-20模型（7）~模型（9）显示西部地区财政分权、土地财政与区域创新激励的中介效应检验结果，这与中部地区的研究结果基本保持一致。结果表明，财政分权的回归系数 c 为0.3524，同样未能通过显著性检验。依据前文中介效应检验步骤（温忠麟和叶宝娟，2014），由于 ab 和 c′ 符号相异，说明西部地区政府财政行为存在"遮掩效应"现象。本节继续采用 Bootstrap 法直接检验间接效应是否显著，结果发现，财政分权

表5-20　　　　　　　　　西部地区土地财政估计结果

变量	被解释变量（pat）		
	（7）	（8）	（9）
fd	0.3524 (0.3524)	-0.1633 (0.1350)	0.5126 (0.3286)
lf	—	—	0.9811*** (0.1750)
pgdp	0.2052*** (0.0407)	-0.0267* (0.0156)	0.2313*** (0.0381)
hum	0.9984*** (0.0915)	0.2593*** (0.0361)	0.7440*** (0.0964)
fdi	-0.1078*** (0.0392)	0.0141 (0.0150)	-0.1216*** (0.0365)
ind	2.1247*** (0.3996)	0.2266 (0.1531)	1.9025*** (0.3733)
cons	5.7248*** (0.6859)	1.7554*** (0.2628)	4.0026*** (0.7074)
N	198	198	198
F	159.36***	15.71***	159.09***
Adj - R²	0.8008	0.2718	0.8280

注：（1）"—"表示该项为空。
（2）***、** 和 * 分别表示在1%、5%和10%水平上显著。
（3）括号中的数值为标准误差值。

自身激励机制和地方土地财政收入都未能通过显著性检验，说明西部地区未能发挥具有国家重要职能的地方财政行为在推动区域创新发展方面的独特优势。可见，分权激励机制对西部地区土地财政行为未能产生显著影响，地方政府"为增长而竞争"的执政理念尚未发生转变。

另外，土地财政收入是西部地区预期财政收入的重要来源，分权激励机制难以有效约束地方扩张性土地财政收入行为，对地方财政支出偏好、企业创新要素"挤出效应"以及制度环境的负面影响成为阻碍区域创新的重要机制（鲁元平等，2018）。显然，在增长型财政分权激励机制下，短期内地方财政行为一直围绕着迅速实现经济增长的目标，弱化了地方政府参与区域创新系统建设的效果，表现为财政分权激励机制扭曲了地方财政行为，降低地方财政支持区域创新活动，从而导致区域创新效果不是十分明显。

第五节　稳健性检验

为了提高本节中介效应实证结果的稳健性，采用核心变量指标替换方法进行相应的检验，运用专利强度（国内专利授权数对地区生产总值占比）表示区域创新水平，选择收入自主权表示财政分权程度，具体检验结果如下。

一、基于专利强度指标检验

基于专利强度下，地方财政行为与区域创新的中介效应检验结果如表 5 - 21 所示。结果表明：（1）财政分权激励机制提高了地方政府创新偏好，财政科技投入的增加会对区域创新产生促进作用。（2）分权激励机制强化了地方政府承担创新事权责任机制，对区域创新活动提供了重要政策支持，适度加强中央政府的创新领域事权和支出责任划分是必要的，对区域创新治理也是有效的。（3）财政分权激励机制影响地方相对自主的税收征管支配权，由于 ab 和 c′符号相同，说明地方税收征管行为对区域创新的影响也具有部分中介效应，说明在分权治理模式下，地方政府通过提高地方税收水平来改善区域创新效果。（4）在增长型财政分权激励机制下，地方政府具有实施土地财政策略的动机，由于 ab 和 c′符号相异，说明地方实施土地财政收入行为对区域创新的影响存在"遮掩效应"。

表 5 − 21　　　　　　　　　　专利强度的估计结果

变量	被解释变量（pat/gdp）						
	（1）	（2）	（3）	（4）	（5）	（6）	（7）
fd	0. 4155 *** （3. 31）	0. 3739 *** （3. 05）	0. 1533 ** （2. 21）	0. 2813 *** （3. 23）	0. 3076 ** （2. 24）	0. 9628 *** （12. 88）	0. 3042 ** （1. 97）
gt	—	—	0. 4337 *** （10. 47）				
gd	—	—	—	—	0. 0363 *** （3. 17）		
lt	—	—	—	—	—	—	0. 0117 *** （3. 16）
pgdp	1. 3447 *** （23. 72）	0. 6535 *** （12. 92）	1. 0612 *** （18. 02）	0. 1269 * （1. 74）	1. 3401 *** （23. 59）	0. 1313 *** （4. 26）	1. 3462 *** （23. 39）
hum	0. 0608 （0. 89）	0. 1871 *** （3. 05）	0. 0203 （0. 32）	0. 0133 （0. 15）	0. 0603 （0. 88）	0. 3096 *** （8. 28）	0. 0572 （0. 79）
fdi	0. 1343 *** （4. 86）	0. 0789 *** （3. 21）	0. 1001 *** （3. 89）	0. 1038 *** （2. 91）	0. 1381 *** （4. 96）	0. 0802 *** （5. 33）	0. 1333 *** （4. 71）
ind	0. 9866 *** （6. 53）	0. 2282 * （1. 69）	0. 8877 *** （6. 35）	0. 0482 （0. 25）	0. 9884 *** （6. 54）	0. 9771 *** （11. 88）	0. 9751 *** （5. 82）
cons	0. 4586 （1. 21）	− 5. 4494 *** （− 16. 15）	2. 8219 *** （6. 79）	− 0. 9888 ** （− 2. 03）	0. 4227 （1. 11）	− 2. 4095 *** （− 11. 71）	0. 4868 （1. 16）

续表

变量	被解释变量（pat/gdp）						
	（1）	（2）	（3）	（4）	（5）	（6）	（7）
N	630	630	630	630	630	630	630
F	874.81***	214.93***	874.25***	145.61***	729.65***	138.06***	727.86***
Adj－R^2	0.8741	0.6297	0.8319	0.5319	0.8742	0.5214	0.8741

注：（1）"—"表示该项为空。
（2）*** 、** 和 * 分别表示在1%、5%和10%水平上显著。
（3）括号中的数值为 t 值。

表5－22 显示被解释变量为专利强度，财政分权、土地财政与区域创新的估计结果。在增长型财政分权激励机制下，地方政府具有实施土地财政策略的动机，由于 ab 和 c′符号相异，说明地方实施土地财政收入行为对区域创新的影响存在"遮掩效应"。总之，财政分权为地方财政科技投入，中央与地方创新事权和支出责任划分，地方税收努力和土地财政依赖提供了制度激励，对地方财政行为构成约束和激励，显然会对区域创新政策执行产生一定影响。上述实证结果说明了更换被解释变量的衡量方式后，主要核心解释变量的估计结果依然稳健。稳健性检验结果和上面的实证分析结果相同。

表5－22 专利强度的估计结果

变量	被解释变量（pat/gdp）		
	（8）	（9）	（10）
fd	0.4826*** (3.24)	－0.4241** (－2.51)	0.5755*** (3.97)
lf	—	—	0.2192*** (5.77)
pgdp	1.2589*** (19.29)	0.0668 (0.91)	1.2443*** (19.65)

续表

变量	被解释变量（pat/gdp）		
	（8）	（9）	（10）
hum	0.0359 （0.47）	0.6699 *** （7.76）	0.1828 ** （2.34）
fdi	0.1259 *** （4.11）	0.1531 *** （4.29）	0.0923 *** （3.05）
ind	0.9132 *** （5.23）	0.9409 *** （4.75）	1.1194 *** （6.47）
cons	0.6052 （1.46）	0.9789 ** （2.08）	0.3907 （0.97）
N	540	540	540
F	557.05 ***	40.27 ***	499.45 ***
Adj－R²	0.8453	0.2784	0.8546

注：（1）"—"表示该项为空。
（2）***、**和*分别表示在1%、5%和10%水平上显著。
（3）括号中的数值为 t 值。

二、基于收入自主权指标检验

基于收入自主权的视角下，财政分权对区域创新的中介效应检验结果如表5-23所示。结果表明，分权激励机制对地方财政行为的回归估计系数都通过了显著性检验。由于 ab 和 c′符号相同，说明分权激励了地方加大财政科技投入规模、提高地方税收努力程度，以及中央向地方下放创新领域事权和支出责任，有利于改善区域创新效果，对区域创新的影响具有部分中介效应。但土地财政收入的中介效应检验结果中 ab 和 c′符号相异，说明分权激励土地财政的政府财政行为对区域创新的影响具有"遮掩效应"。

表 5 – 23　　　　　　　　　　　　收入自主权的估计结果

变量	被解释变量（pat/gdp）						
	（1）	（2）	（3）	（4）	（5）	（6）	（7）
fd	0.2461 *** (3.49)	0.2171 *** (3.44)	0.1534 ** (2.33)	0.1193 ** (2.31)	0.2419 *** (3.43)	0.4032 *** (10.02)	0.2491 *** (3.28)
gt	—	—	0.4265 *** (10.31)	—	—	—	—
gd	—	—	—	—	0.0342 *** (3.11)	—	—
lt	—	—	—	—	—	—	0.0075 *** (2.81)
pgdp	1.3267 *** (24.33)	0.6568 *** (13.46)	1.0465 *** (18.27)	0.1312 * (1.86)	1.3222 *** (3.43)	0.0719 ** (2.31)	1.3261 *** (24.21)
hum	0.0329 (0.48)	0.1681 *** (2.71)	0.0388 (0.61)	0.0036 (0.04)	0.0328 (0.47)	0.2899 *** (7.34)	0.0351 (0.49)
fdi	0.1227 *** (4.42)	0.0735 *** (2.96)	0.0913 *** (3.53)	0.1061 *** (2.95)	0.1263 *** (4.52)	0.0841 *** (5.31)	0.1234 *** (4.34)
ind	0.9882 *** (6.58)	0.2362 * (1.76)	0.8874 *** (6.37)	0.0429 (0.22)	0.9896 *** (6.59)	1.0107 *** (11.78)	0.9958 *** (5.99)
cons	0.6511 * (1.71)	– 5.3509 *** （– 15.64）	2.9335 *** (7.03)	– 1.0335 ** （– 2.09）	0.6158 (1.61)	– 2.4261 *** （– 11.11）	0.6328 (1.51)
N	630	630	630	630	630	630	630
F	885.81 ***	216.29 ***	880.52 ***	138.42 ***	738.63 ***	116.28 ***	737.01 ***
Adj – R^2	0.8755	0.6312	0.8935	0.5322	0.8756	0.4782	0.8753

注：（1）"—"表示该项为空。

（2）*** 、** 和 * 分别表示在 1%、5% 和 10% 水平上显著。

（3）括号中的数值为 t 值。

可见，发挥分权激励机制在区域创新资源配置中具有独特优势，能够促进区域创新水平的提高。在更换核心变量的衡量方式后，中介变量检验结果依然稳健。稳健性检验结果和上面的实证分析结果相同，再次证实了财政分权激励机制影响区域创新的地方财政行为这一中介机制的存在。

表 5 - 24 显示解释变量为收入自主权，财政分权、土地财政与区域创新的估计结果。结果表明，收入自主权对区域创新的估计系数显著为正，但收入自主权对土地财政的估计系数显著为负，模型（10）收入自主权和土地财政对区域创新的估计系数通过了显著性检验，呈现显著正向相关关系，但土地财政收入的中介效应检验结果中 ab 和 c′符号相异，说明分权激励土地财政的政府财政行为对区域创新的影响具有"遮掩效应"。

表 5 - 24　　　　　　　　收入自主权的估计结果

变量	被解释变量（pat）		
	（8）	（9）	（10）
fd	0.3112 *** （4.14）	- 0.0849 ** （- 1.98）	0.3291 *** （4.51）
lf	—	—	0.2098 *** （5.57）
pgdp	1.2514 *** （20.12）	0.0016 （0.02）	1.2511 *** （20.71）
hum	0.0037 （0.05）	0.6854 *** （7.79）	0.1475 * （1.87）
fdi	0.1152 *** （3.75）	0.1413 *** （4.01）	0.0856 *** （2.82）
ind	0.9177 *** （5.32）	0.9932 *** （5.01）	1.1261 *** （6.56）

续表

变量	被解释变量（pat）		
	（8）	（9）	（10）
cons	0.7914* (1.91)	1.1513** (2.41)	0.3907 (0.97)
N	540	540	540
F	565.51***	38.79***	504.53***
Adj－R²	0.8472	0.2707	0.8558

注：（1）"—"表示该项为空。
（2）***、**和*分别表示在1%、5%和10%水平上显著。
（3）括号中的数值为 t 值。

可见，发挥分权激励机制在区域创新资源配置中具有独特优势，能够促进区域创新水平的提高。在更换核心变量的衡量方式后，中介变量检验结果依然稳健。稳健性检验结果和上面的实证分析结果相同，再次证实了财政分权激励机制影响区域创新的地方财政行为这一中介机制的存在。

本 章 小 结

财政分权是地方政府发挥作用的重要激励机制，本章通过考察财政分权对地方政府行为的激励，间接地分析政府财政行为对区域创新水平的影响。本章选取我国 30 个省份（因样本数据缺失，我国西藏和港澳台暂未涵盖）的面板数据，运用中介效应模型（温忠麟和叶宝娟，2014）对财政分权的区域创新的中介效应进行分析，主要得出以下结论。

第一，财政分权对政府财政行为构成约束和激励，对区域创新的中介效应通过了显著性检验，说明分权激励地方财政科技投入、中央向地方转嫁科技创新领域事权和支出责任，以及提高地方税收努力程度对区域创新的影响存在部分中介效应，而地方土地财政依赖对区域创新的影响存在"遮掩效应"。可见，地方政府运用不同财政政策工具促进区域创新需要注意双面影响。

第二，从东部地区、中部地区和西部地区上看，财政分权对区域创新激励的中介效应因地区差异表现出不同的影响效果。具体而言，在东部地区，财政分权对区域创新激励的中介效应与基础估计结果基本保持一致。在中部和西部地区，财政分权与区域创新激励的中介效应与全国层面存在较大差异，一些传导机制未能通过显著性检验，说明政府运用一些财政政策参与区域创新治理是无效的。

第三，财政分权对区域创新的中介效应大小依次是财政科技投入、创新领域事权和支出责任、地方税收和土地财政。其中，土地财政的"遮掩效应"会弱化地方政府支持区域创新的效果，可能最终由地方政府的"援助之手"向"攫取之手"转变，改变政府财政支出结构、挤出企业创新要素以及破坏制度环境，这是地方官员出于政治晋升和经济自我补偿的目的，也是地方政府之手"扭曲"的重要表现。

第六章

财政分权与区域创新
激励：空间效应

第一节　问题提出

　　中国经济已由高速增长转向高质量增长的"新常态"阶段，经济增长模式正由过去的要素粗放拉动型向技术创新驱动型过渡，创新驱动日益成为实现经济高质量发展的有效途径。作为发挥地方政府重要职能的财政分权体制安排在区域创新体系建设过程中扮演着日益重要的角色。一方面，国家关于财政分权的制度安排能够通过调动地方政府的积极性来对区域创新产生重要影响，对区域创新建设发挥着"区位定向诱导"作用，促进地区间创新资源要素配置、流动、扩散和溢出效应，相邻或者周边地区也逐渐形成良好的协同创新集聚效应。另一方面，财政分权是地方政府发挥作用的重要激励机制。地方政府是区域创新系统建设的主导者，但发挥"有形之手"也会产生一定负面效应，过多或不当的地方政府干预会导致企业创新主体地位丧失、创新资源空间布局同构化、恶性竞争愈发严重以及地区间创新水平差距日益扩大。此外，省域层面面临统一政策背景和政绩考核要求，地区间模仿和攀比行为盛行。因此，科学研判中国式财政分权与区域创新激励之间的关系，把握两者的平衡，这在当前谋求积极财政政策提质增效和全面提升区域创新能力背景下具有十分重要的现实意义。

目前，关于中国情境下财政分权与区域创新激励的直接研究相对较少。一些经验研究运用省级行政区的面板数据，选取专利产出弹性系数、万人发明专利授权数、区域创新效率、R&D 边际创新产出等指标，表明中国财政分权制度确实改善了区域创新效果，意味着中国财政分权激励地方政府会增强区域创新活动的支持力度。但也有不少研究对于财政分权与区域创新的关系持怀疑态度。选取省级或者地级市的面板数据进行实证分析，发现财政分权不利于创新成果产出效率及区域创新整体效率的提升，显著地抑制了区域创新驱动发展，认为财政分权程度越高，区域专利强度和研发强度越低。进一步研究发现，财政分权对区域创新的影响具有显著区域异质性和行业差异，其正向效应从中部依次向东部和西部递减，但财政分权显著地促进了非国有工业企业创新能力的提升，对国有工业企业创新能力的正向效应相对微弱。同时，财政分权对区域创新存在显著门槛效应，认为适度分权能够改善区域创新效果，分权过度则会削弱对区域创新的促进作用，意味着财政分权与区域创新之间存在非线性关系，其影响轨迹表现出 U 形变化特征。可见，实现有效财政分权体制改革对提升当前区域创新水平显得尤为重要。

综合分析可见，财政分权与区域创新相关研究主要聚焦于省级面板数据，研究内容比较丰富，指标选取多样化，导致实证结果有所差异，尚未形成相对一致的结论。本章的研究主要贡献在于：第一，将研究视角聚焦到省级空间层面，考察财政分权对区域创新的空间效应，丰富了财政分权对区域创新影响的相关研究。第二，建立财政分权与区域创新的理论模型，突破现有文献中普遍缺乏理论数理依据的局限，深入探究其理论机理，丰富了相关研究主题。

第二节　理论分析与研究假说

相比于中央政府，地方政府在支持区域创新建设方面更具信息优势，中央政府无法完全掌握地方整体提高创新的真实水平，但可以通过一种相邻地区间比较的方式考核、监督辖区政府公共服务供给，以相邻地区供给水平作为"标尺"对其进行评价。结合中国财政分权的典型特征，本章借鉴蒂莫西·比斯利和斯玛特（2007）、周亚虹等、曹鸿杰等关于政府间"标尺竞争"模型的研究思路，对"标尺竞争"模型进行了一定改进，以符合中国的现实情况。这里，重点关注创新领域这一准公共品供给问题，辖区主管区域创新建设的政府官员可能因创新产出考核而具有"标尺竞争"的行为动机，这种竞争行为造成地方政府在区域创新方面存在一定空间上的策略性互动行为，最终导致区域创新水平具有空间"竞优"或"竞次"效应。

一、基本假设

由于国内外官员选拔机制有所差异，国外更加注重选票制度对政府官员的约束和甄别，辖区选民拥有更大人事决定权。然而，中国"自上而下"的垂直治理结构促使地方政府必须对上级政府负责，上级政府拥有一定人事罢免、留任和晋升的决定权，当地民意表达机制只能在一定程度上影响政府官员的罢免、留任和晋升。鉴于这一特征，基于"自下而上"的"标尺竞争"模型基础上，对该模型作出了基本假设，具体内容如下：第一，"自上而下"政治代理框架中，委托人为"中央政府"，代理人是"地方政府"。第二，中央政府预算支出安排以"辖区公共福利水平最大化"为供给目标。第三，辖区官员的目标是完成中央政府的绩效考核要求，获取中央政府的信任，而不是争取本地区选民选票的最大化。第四，财政科技支出具有经济效益周期长、不确定性以及外部性的特点，辖区官员更加偏爱拉动GDP效应很高的基础设施投资。第五，财政科技支出与辖区创新水平呈现近似正向线性关系，认为一个辖区的财政科技支出规模越大，区域创新水平越高。第六，中央政府可以通过相邻辖区创新水平间接地考核某一地区创新政绩，考察辖区政府是否存在寻租行为，以及决定代理人是否可以继续连任。

二、理论模型建立

假设选择财政科技支出（E_i）表示地方政府（i）参与创新活动程度，反映地方政府在创新领域提供公共服务水平。地方财政收入主要来自本地区税收收入（$f_i \varphi y_i$）和中央对地方政府转移支付（TR_i），φ 为税率，f_i 表示财政科技支出占税收收入比重，要求 $0 \leqslant f_i \leqslant 1$，$y_i$ 表示一种随机产出水平，上级政府无法观测所管辖地区财政科技支出占比（f_i）和产出水平（y_i）。假定地方政府是一个"仁慈型"政府，追求辖区创新领域公共服务供给福利最大化为目标，地方政府官员往往表现出具有更大激励将预算支出向拉动 GDP 经济效应的基础设施领域倾斜，这种行为促使地方政府供给创新领域公共服务缺乏一定积极性。同时，假定地方政府目标是个人效用最大化，促使地方政府在财政支出结构上优先满足当期行政管理和经济建设方面支出需求，这些优先项目支出无疑会挤占或压缩本来应该用于区域创新投入资金或者中央政府给予地方政府的区域创新专项转移支付配套资金。但因个人政治生涯而倾向于减少财政科技支出（r_i），建立辖区财政科技支出函数：

$$T_i = f_i \varphi y_i + TR_i - r_i \tag{6-1}$$

假设将创新产出纳入辖区官员政绩考核内容中，地方政府财政支出产生总效用主要来源于两方面：一是当期地方政府非财政科技支出的效用；二是下期地方官员成功继续连任时所产生的效用，在此假设条件下，建立地方财政支出总效用函数：

$$V_{t+1}^i(G_{i,t}) = \max_{T_{i,t}} \left\{ v_t^i(G_{i,t} - T_{i,t}) + \delta p_{t+1}^i \left[V_{t+1}^i(G_{i,t+1}) \right] \right\} \tag{6-2}$$

其中，$V(\cdot)$ 为地方政府财政支出总效用函数，$v(\cdot)$ 表示非财政科技支出效用函数，且满足 $u_t^i(X) = \varphi X$，$\varphi > 0$，则 $\dfrac{\partial u_t^i}{\partial(G_{i,t} - T_{i,t})} > 0$ 或者 $\dfrac{\partial u_t^i}{\partial T_{i,t}} < 0$，$\dfrac{\partial^2 u_t^i}{\partial(G_{i,t} - T_{i,t})^2} < 0$。$E(\cdot)$ 为期望算子，G 为财政支出，

T为辖区财政科技支出，δ为折现因子，p_i为上级政府认可本辖区政府创新水平的概率，t表示时间，i表示辖区政府。通过式（6-2）可知，地方政府的财政总支出效用最大化主要来自非财政科技支出效用，以及中央政府对其政绩认可条件下，下期地方政府财政支出所产生效益的折现。理论上r_i与p_i应呈负向相关关系，即当期地方政府若过度偏爱追求寻租活动，意味着下期本地区地方官员成功连任的概率降低，进一步说明地方政府官员若想提高成功连任的概率，需要在当期寻租活动和下期继续获得连任之间作出一定权衡。

财政科技支出具有效益长期性、不确定性和正外部性的特点。短期内追求政绩的地方政府往往对其缺乏一定热情，更加偏爱能够带来巨大经济效益的基础设施领域。但地方政府为了完成相应的上级政府关于创新水平的考核，也需要增加财政科技支出，意味着地方政府不可能将财政支出全部用于实现当期的经济效益，进一步说明如果地方政府在财政支出结构上过度倾向于经济建设性支出，虽然能够更加出色地完成相应的经济绩效考核任务，但也会影响辖区政府创新产出，一定程度上导致创新相关考核内容无法完成，对其整体政绩考核会产生一定不利影响。

进一步在雷维里（2005）辖区"标尺竞争"理论模型的基础上建立声望方程。上级政府能够通过比较相近地区的区域创新水平来判断本辖区政府相对努力程度，作出是否留任的决定。上级政府对本辖区政府的政绩认可不仅取决于本辖区的财政科技支出，还取决于相邻地区的财政科技支出。同时，假定财政科技支出与区域创新水平具有显著正向线性关系，建立声望方程为：

$$p_{t+1}^i = p_{t+1}^i [PS_t^i(T_{i,t}), \ PS_t^i(T_{-i,t})] = p_{t+1}^i(T_{i,t}, \ T_{-i,t}) \qquad (6-3)$$

式（6-3）表示中央政府考察地方政府的财政科技支出（$T_{i,t}$），同时也考察相邻地区的财政科技支出（$T_{-i,t}$），$PS_t^i(T_{i,t})$表示辖区创新水平是地方财政科技支出的函数，$\dfrac{\partial p_{t+1}^i}{\partial T_{i,t}} > 0$，$\dfrac{\partial p_{t+1}^i}{\partial T_{-i,t}} < 0$。$p_t$表示中央对地方政府政绩认可的概率，意味着辖区财政科技支出（$T_{i,t}$）规模越

大，中央对辖区政府创新政绩认可的概率（p_{t+1}^i）越高，主管区域创新的行政官员在下期成功连任的概率就越高，故 $\alpha > 0$。那么，相邻地区财政科技支出（$T_{-i,t}$）占比越高，中央政府对辖区创新政绩认可的概率（p_{t+1}^i）越低，意味着辖区主管科技创新的行政官员在下期获得连任的概率就越低，故 $\beta < 0$。

本章采用 Probit 形式进一步建立声望方程如下：

$$p_{t+1}^i = p_{t+1}^i(T_{i,t}, T_{-i,t}) = \text{Probit}(\alpha T_{i,t} + \beta T_{-i,t} + \gamma X_{i,t} > -\varpi_{i,t})$$

$$= \chi[(\alpha_1 T_{i,t} + \beta T_{i,t} + \gamma X_{i,t})/\sigma_\varpi] \qquad (6-4)$$

其中，$\chi(\cdot)$ 表示标准正态分布的累积分布函数，ϖ_t 服从期望为 0 方差为 σ_ϖ^2 的正态分布，$X_{i,t}$ 为代表一组影响中央政府对辖区创新水平认可的其他变量。将式（6-4）和 $u_t^i(X) = \varphi X$ 代入式（6-2），整理为：

$$V_t^i(G_{i,t}) = \max_{E_{i,t}}\{v_t^i(G_{i,t} - E_{i,t}) + \delta\phi[(\alpha T_{i,t} + \beta T_{i,t}$$

$$+ \gamma X_{i,t})/\sigma_\varpi]T[U_{i,t+1}(G_{i,t+1})]\} \qquad (6-5)$$

对式（6-4）求解一阶导数为：

$$\delta T[V_{t+1}^i(G_{i,t+1})](\alpha/\sigma_\varpi)\phi[(\alpha T_{i,t} + \beta T_{-i,t} + \gamma X_{i,t})/\sigma_\varpi] - \varphi = 0$$

$$\qquad (6-6)$$

其中，$\varphi(\cdot)$ 表示标准正态分布的概率密度函数。

求解辖区财政科技支出最优反应方程为：

$$T_{i,t} = -(\beta/\alpha)T_{-i,t} - (\gamma/\alpha)X_{i,t} + \sigma_\varpi\phi^{-1}(\varphi\sigma_\varpi/\{\alpha\delta T[V_{t+1}^i(G_{t+1})]\})/\alpha$$

$$\qquad (6-7)$$

因为 $\alpha > 0$，$\beta < 0$，所以 $-(\beta/\alpha) > 0$，即式（6-7）大于零。

三、理论模型结论

式（6-7）大于零，说明财政分权使得地方政府在区域创新激励方面具有一定空间策略性互动行为。每一个辖区政府在制定本辖区财政科技支出决策时，必须考虑相邻地区的财政科技支出水平。如果相邻地区的财政科技支出水平偏低，则本辖区政府也保持相对较低的财政科技支出水平，或者本辖区政府不会优先支持区域创新建设。因为这不仅不会降低自己连任的概率，而且能够进行更多的寻租活动，能够将更多财政资源投入到 GDP 拉动效应明显的基础设施建设领域。反之，当相邻地区财政科技投入水平偏高，本辖区也会随之增加财政科技投入规模，会选择优先支持改善区域创新效果，短期内迅速实现本辖区创新水平的提高。因为如果本辖区财政科技投入规模偏低，将会给中央政府传递"本辖区主管区域创新建设的行政官员不够努力"的信念，显然会降低自己的政治声望，说明相邻地区"标尺竞争"机制可以有效抑制辖区政府寻租动机。

基于以上分析，本章提出研究假说：中国财政分权体制下地方政府间财政科技支出存在"标尺竞争"行为，邻近或周边地区出于"标尺竞争"而具有创新模仿激励，财政分权激励机制会显著促进区域创新水平的提高。

第三节　研究设计

一、变量说明与定义

实证模型中的变量与前文保持一致，相关变量的指标说明如下。

被解释变量为区域创新（inno），用万人发明专利授权量（pat）作为区域创新水平的测算指标。

解释变量为财政分权（fd），运用财政分权组合指标作为其指标参数。

控制变量包括经济发展水平、人力资本水平、对外开放水平和产业发展水平。

二、数据说明

限于样本数据的可得性和完备性，剔除数据缺失严重的年份，以及数据波动性偏大的西藏自治区，最终选取 2000～2018 年中国 30 个省份（因样本数据缺失，我国西藏和港澳台地区暂未涵盖）作为样本区间，样本量共 570 个。原始数据主要来自历年《中国统计年鉴》《中国人口与就业统计年鉴》《中国财政年鉴》《中国科技年鉴》和各省历年统计年鉴和统计公报等。

三、权重矩阵设计

区域创新作为一项从投入到产出的系统性经济活动，不仅会受到地理特征因素的影响，还会受到经济特征因素的影响。借鉴已有研究比较常用的空间权重矩阵形式，如邻接权重矩阵、经济权重矩阵和距离权重矩阵，说明空间单元 i 对空间单元 j 的影响程度，以期更全面地研究区域创新活动的空间效应。

（一）邻接权重矩阵

邻接矩阵表示两个空间单元（i，j）邻接，说明存在空间相关性，则赋值为 1；若两个空间单元（i，j）不邻接，说明不存在空间相关性，则赋值为 0，用 W_{0-1} 表示空间邻接权重矩阵，具体形式如下。

$$W_{0-1} = \begin{cases} 1 & i\text{ 和 }j\text{ 邻接} \\ 0 & i\text{ 和 }j\text{ 不邻接} \end{cases} \quad (i \neq j) \qquad (6-8)$$

表 6－1 显示省域地理相邻信息，依次将 30 个省份（除西藏和港澳台地区之外）需要特别说明的是，为了消除省域间的孤岛效应，参考已有文献的做法，设置了海南邻接广东和广西。

表 6 - 1　　　　　　　省域（不包含西藏地区）地理相邻信息

编号	地区	邻接信息	编号	地区	邻接信息
1	北京	2、3	16	河南	3、4、12、15、17、27
2	天津	1、3、15	17	湖北	12、14、16、18、22、27
3	河北	1、2、4、5、6、15、16	18	湖南	14、17、19、20、22、24
4	山西	3、5、16、27	19	广东	13、14、18、20、21
5	内蒙古	3、4、6、7、8、27、28	20	广西	18、19、21、24、25
6	辽宁	3、5、7	21	海南	19、20
7	吉林	5、6、8	22	重庆	17、18、23、24、27
8	黑龙江	5、7	23	四川	22、24、25、27、28、29
9	上海	10、11	24	贵州	18、20、22、23、25
10	江苏	9、11、12、15	25	云南	20、23、24
11	浙江	9、10、12、13、14	26	陕西	4、5、16、17、22、23、28、30
12	安徽	10、11、14、15、16、17	27	甘肃	5、23、27、29、30、31
13	福建	11、14、19	28	青海	23、28、31
14	江西	11、12、13、17、18、19	29	宁夏	5、27、28
15	山东	2、3、10、12、16	30	新疆	28、29

资料来源：笔者编制。

（二）经济权重矩阵

经济权重矩阵表示两个空间单元（i，j）之间人均 GDP 差额的倒数设定。如果地区间经济发展水平差距越小，其权重水平越高，用 W_{eco} 表示空间经济权重矩阵，具体度量规则如下。

$$W_{eco} = \begin{cases} \dfrac{1}{|GDP_i - GDP_j|} & i \neq j \\ 0 & i = j \end{cases} \quad (6-9)$$

其中，GDP_i、GDP_j 分别表示地区 i 和地区 j 的人均 GDP 水平。

（三）距离权重矩阵

空间溢出效应可能会随着地理距离的增加而逐渐衰减，基于空间单元之间距离平方的倒数构建空间距离权重矩阵，用 W_{geo} 表示空间距离权重矩阵，基本形式为：

$$W_{geo} = \begin{cases} \dfrac{1}{d_{i,j}^2} & i \neq j \\ 0 & i = j \end{cases} \quad (6-10)$$

其中，$d_{i,j}$ 表示两地区质心之间的距离。

四、空间相关性检验

为了考察区域创新能否构建空间面板计量经济模型，需要进一步进行统计分析。本章采用 Moran's I 指数对区域创新空间自相关进行检验（见表6-2）。结果表明，2000~2018 年区域创新的 Moran's I 指数在 0.143~0.308 之间波动，都大于零，且每个年度都至少通过了 5% 置信水平的显著性检验。充分说明了 19 年间中国区域创新具有明显的空间相关性，并不是随机分布的，且受邻接或者相邻地区创新活动的影响，呈现明显的空间集聚现象。因此，有必要在模型中加入空间变量来进行实证分析。

表6-2 省域区域创新 Moran's I 指数

年份	Moran's I	Z 值	P 值	年份	Moran's I	Z 值	P 值
2000	0.276	2.702	0.007	2010	0.267	2.611	0.009
2001	0.251	2.496	0.013	2011	0.284	2.746	0.006
2002	0.247	2.456	0.014	2012	0.308	2.964	0.003
2003	0.256	2.528	0.011	2013	0.285	2.782	0.005
2004	0.214	2.172	0.030	2014	0.293	2.843	0.004
2005	0.228	2.290	0.022	2015	0.272	2.660	0.008
2006	0.224	2.255	0.024	2016	0.249	2.450	0.014
2007	0.238	2.361	0.018	2017	0.277	2.696	0.007
2008	0.260	2.547	0.011	2018	0.143	1.569	0.072
2009	0.268	2.607	0.009		—		

注："—"表示该项为空。
资料来源：笔者整理。

图 6 - 1 显示了 18 年间区域创新 Moran's I 指数的变化趋势，发现区域创新的 Moran's I 指数一直保持了相对稳定的走势，波动幅度也相对较小，其标准差为 0.0251，变异系数为 0.0961，进一步说明不同年份区域创新活动呈现相对稳定的空间集聚效应。

图 6 - 1　2000 ~ 2017 年区域创新的 Moran's I 走势

资料来源：笔者整理。

五、模型设定

基于空间面板计量模型检验结果以及对区域创新活动的空间依赖性及其空间溢出效应的考虑，认为空间面板杜宾模型不仅仅能准确刻画本辖区财政分权对区域创新的影响，还能衡量相邻或周边辖区财政分权或创新水平对本辖区创新水平的影响，检验中国财政分权的影响导致区域创新激励是否存在空间策略性"逐底"与"趋优"的现象，是否存在空间策略性竞争行为。为此，本章采用空间面板杜宾模型探究财政分权对区域创新的影响，具体回归模型设定如下。

$$\text{inno}_{i,t} = \alpha_0 + \sigma W \times \text{inno}_{i,t} + \beta_1 \text{fd}_{i,t} + \gamma W \times \text{fd}_{i,t} + \beta_2 X_{i,t} + \mu_{i,t}$$

$$(6 - 11)$$

其中，i 和 t 分别表示地区和年份，$\text{fd}_{i,t}$ 为财政分权，$\text{inno}_{i,t}$ 表示创新产出，W 表示空间权重矩阵，表示各地区社会经济联系的密切程度，$W \times \text{fd}_{i,t}$ 表示相邻辖区财政分权对本辖区创新产出的影响，α_0 为常数项。σ、β_1、γ、β_2 表示各变量待估回归系数；$X_{i,t}$ 为系列控制变量，$\mu_{i,t}$ 为随机误差项。如果 β_1 的回归系数为负，表明财政分权对区域创新具有空间"竞次"效应。如果 β_1 的回归系数为正，表明财政分权对区域创新具有空间"竞优"效应。如果 σ 的回归系数为负，表明区域创新具有负向空间溢出效应。若 σ 的回归系数为正，表明区域创新具有正向空间溢出效应。如果 γ 的回归系数为负，表明相邻或周边辖区分权激励对本辖区创新水平的影响为负。如果 γ 的回归系数为正，表明相邻或周边地区分权激励对本地区创新水平的影响为正。

第四节　实证发现及原因分析

一、基准估计结果分析

表 6-3 显示样本期间区域创新的空间自相关系数 σ 通过了 1% 置信水平的显著性水平检验，且所有样本的空间相关系数 σ 均为正值，说明中国式财政分权下，区域创新确实存在正向空间溢出效应，这与苏屹和林周周（2017）的研究结果基本保持一致。

表 6-3　　　　　　　　　　空间计量检验结果

变量	(W_{0-1})		(W_{eco})		(W_{geo})	
	（1）	（2）	（3）	（4）	（5）	（6）
fd	1.36 ***	2.20 ***	0.50 *	1.43 ***	0.47 *	0.94 **
	(0.48)	(0.52)	(0.27)	(0.44)	(0.25)	(0.40)
控制变量	否	是	否	是	否	是
σ	0.51 ***	0.47 ***	0.56 ***	0.47 ***	0.69 ***	0.68 ***
	(0.04)	(0.04)	(0.05)	(0.05)	(0.04)	(0.04)

变量	（ W_{0-1})		（ W_{eco})		（ W_{geo})	
	（1）	（2）	（3）	（4）	（5）	（6）
$W \times fd$	1.01 * (0.56)	0.40 *** (0.71)	0.71 ** (0.32)	1.08 * (0.65)	0.33 * (0.31)	1.08 * (0.61)
$Log-L$	432.97	393.01	295.58	254.91	245.47	187.39
R^2	0.35	0.36	0.29	0.44	0.29	0.43
$sigma^2$	0.21 *** (0.01)	0.18 *** (0.01)	0.13 *** (0.01)	0.11 *** (0.01)	0.10 *** (0.01)	0.08 *** (0.01)
N	570	570	570	570	570	570

注：（1）　***、**和*分别表示在1%、5%和10%的置信水平上显著。
（2）括号中的数值为聚类稳健标准误，表中只显示核心解释变量的实证结果，其他变量的实证结果未显示。

其主要原因可能是：地方政府已经充分认识到科技创新的作用，逐渐将科技创新纳入地区发展的重要战略规划中。中央政府也积极发挥宏观调控作用，对区域创新相对薄弱的地区给予财政补贴或优惠政策支持，均衡各地区创新资源，缩小区域间创新水平的差距。地理位置的邻近有利于地区间创新要素的共享，区域经济一体化发展需求加强了省际间协作、地区间信息交流和传递速度，一定程度上降低了地区间集聚创新要素所需的成本。此外，地方政府通过提高财政资源配置效率对区域创新发展产生乘数效应和挤出效应，这种效应会持续扩散至超出自身的辖区范围，会对相邻或周边地区创新活动产生正或负的空间溢出效应，进一步扩大了区域创新的集聚网络效应和规模经济效应。

模型（1）~模型（6）显示财政分权的回归估计系数都至少在10%的置信水平上显著为正，说明财政分权激励机制确实有利于区域创新水平的提高，实现了区域创新资源优化配置，验证了财政分权的影响导致区域创新产出存在空间"趋优"效应的研究假说，财政分权激励机制赋予了地方政府相对自主的财政资源配置权，投向创新基础设施建设的资金更充足，区域创新环境也逐渐优化，创新可能更具生产性公共物品的特性。

在政治晋升激励下，致力于实现区域经济稳定增长的地方政府往往具有改善区域创新效果的激励。地方政府的创新性投资规模可能不会缩小，财政分权的"挤出效应"也不是十分明显。尤其是在科技创新"目标责任制"和"一票否决制"逐步纳入政绩考核内容后，"逐底"行为存在的可能性偏低。因为在相邻地区间，任何一个地方政府在科技创新方面取得较好的成绩都可以获得上级政府的认可，在地方政府间竞争占据一定优势，任何一个地方政府都有提高区域创新水平的动机，所以这种"逐底"现象难以实现长期均衡。

模型（1）~模型（6）显示相邻或周边地区财政分权（W×fd）回归系数都至少通过了10%的显著性水平检验，且回归系数为正，说明邻接或者周边地区财政分权对地方政府行为的激励会促进区域创新。可见，以上实证结果验证了前文相应的研究假说，说明从理论层面和数据实证层面都支持财政分权制度会促进区域技术进步，形成地区间"竞优"效应的结论。

其主要原因可能是：财政分权对地方政府行为的激励导致了本辖区或相邻地区在区域创新方面存在着此消彼长的关系。若某一地区财政分权程度偏高，且地方政府倾向于基础设施建设的投资，一定程度上会压缩创新性投资规模，本辖区创新主体也会选择迁移到能够满足自身创新偏好的其他地区。

具体而言，本辖区对创新性投资水平的不足可能导致区域创新主体根据自身对创新需求程度的高低进行迁移，迁到符合自身科技创新发展水平的地区。随着迁入地创新主体及需求的不断增加，地方政府为满足区域创新活动需求而选择扩大创新性财政支出规模，从而促进迁入地创新发展水平的提高。显然，如果本辖区财政分权程度越高，地方政府对区域创新的投资越充足、创新要素资源越充沛以及创新环境越优越，对本辖区和以外地区各创新主体形成的吸引力也会加大，势必对邻近或周边地区财政支出偏好产生一定影响。

二、进一步讨论：地区异质性

为了更加清晰地揭示财政分权对区域创新的空间效应是否存在地区异质性，本节继续采用空间杜宾模型分别对东、中和西部地区进行估计。东部地区空间计量检验结果如表 6 - 4 所示。结果表明：（1）基于空间视角下，财政分权对区域创新的回归估计系数在 10% 的置信水平上显著为正，说明财政分权制度确实显著改进了东部整体区域创新效果，意味着地区间创新具有空间策略性"趋优"效应。（2）区域创新空间自相关系数 σ 通过了 1% 和 10% 置信水平的显著性检验，区域创新确实存在正向空间溢出效应，邻近地区创新要素溢出效应会促进周边地区创新水平的提升。（3）财政分权（W × fd）的回归估计系数在 10% 置信水平上显著为正，说明财政分权对地方政府行为的激励也会促进邻近或者周边地区创新产出。其主要原因在于：东部地区作为改革开放的前沿和经济一体化发展的示范区，区域创新系统建设所需要的资源要素集聚、共享与传输体系相对完善。东部地区建立了良好的合作交流机制，自 2003 年以来先后签署了长三角、泛珠三角和东北老工业基地区域创新体系建设协议，在这种交流合作中，东部地区实现了区域创新要素溢出效应（潘雄锋等，2019）。从中央到地方都在京津冀协同发展战略、长三角区域一体化发展战略以及珠三角区域一体化战略方面给予了相关政策支持，东部地区逐步建立起完善的省域间积极联动机制和协同治理机制。

表 6 - 4　　　　　　　　　东部地区空间计量检验结果

变量	（W_{0-1}）	（W_{eco}）	（W_{geo}）
	（1）	（2）	（3）
pat_{t-1}	0.8017 *** （0.0527）	0.8115 *** （0.0652）	0.8142 *** （0.0821）
fd	0.4816 * （0.2676）	0.3774 * （0.2216）	0.3397 * （0.2053）

续表

变量	（W_{0-1}）	（W_{eco}）	（W_{geo}）
	（1）	（2）	（3）
pgdp	-0.0035 (0.0234)	-0.0378 * (0.0195)	-0.0418 (0.1695)
hum	0.2558 *** (0.0774)	0.0990 * (0.0560)	0.1680 * (0.0927)
fdi	0.0393 *** (0.0117)	0.0344 *** (0.0104)	0.0327 *** (0.0114)
ind	0.3927 ** (0.1843)	-0.0559 (0.1748)	-0.0372 (0.1841)
σ	0.0997 * (0.0566)	0.2688 *** (0.0542)	0.1818 *** (0.0469)
W × fd	0.6316 * (0.3283)	0.4655 * (0.5220)	0.3488 * (0.4924)
Log－L	78.2474	93.5847	93.3478
R^2	0.9677	0.9686	0.9704
控制个体效应	YES	YES	YES
控制时间效应	YES	YES	YES
sigma^2	0.0219 *** (0.0051)	0.0200 *** (0.0043)	0.0207 *** (0.0046)
N	198	198	198

注：（1）　*** 、** 和 * 分别表示在 1%、5% 和 10% 的置信水平上显著。
（2）括号中的数值为聚类稳健标准误。

中部地区空间计量检验结果如表 6－5 所示。结果表明：（1）区域创新空间自相关系数 σ 通过了显著性检验，表明区域创新活动具有正向空间溢出效应，会促进邻近或者周边地区创新产出。（2）财政分权的回归估计系数 β_2 通过了 1% 置信水平的显著性检验，说明财政分权自身激励机制能够提高区域创新水平。（3）财政分权的回归估计系数在 1% 的置信水平上显著为正，说明财政分权对地方政府行为的激励也会对邻近或周边地区创新产生正面促进作用，这与全国层面研究结果基本保持一致。其主要原因是：中部地区重大经济一体化战略的逐渐形成，"六大"城市群和"四大"经济带的经济体发展战略，为中部地区经济发展提供强大的动力（杨剩富等，2014）。经济一体化发展模式能够形成多样化要素的规模集聚，尤其是吸引大量高、精、尖人才集聚，多样化创新要素的规模集聚与资源共享机制有利于区域创新基础设施的完善，进而带动区域创新发展。东部地区创新要素逐渐向中部地区转移的发展形势为中部地区带来了重大的机遇和挑战，以及自身产业集聚与创新升级逐步建立起独特的工业化发展道路。东部和中部地区交通便捷度不断提升，尤其是路面、水上及航空交通的发展为区域经济体之间要素流动与资源共享提供了更加便利的条件。

表 6-5 中部地区空间计量检验结果

变量	(W_{0-1})	(W_{eco})	(W_{geo})
	(1)	(2)	(3)
pat_{t-1}	0.8180 *** (0.0227)	0.7843 *** (0.0356)	0.7649 *** (0.0344)
fd	0.4907 *** (0.1203)	0.6342 *** (0.1237)	0.8274 *** (0.0828)
pgdp	−0.0525 * (0.0294)	−0.0971 *** (0.0293)	−0.2491 *** (0.0489)
hum	0.4425 *** (0.0761)	0.4091 *** (0.0780)	0.3836 *** (0.0483)
fdi	0.0369 ** (0.0165)	0.0346 ** (0.0164)	0.0337 ** (0.0170)
ind	0.3284 * (0.1680)	−0.0255 (0.1623)	−0.2038 (0.1878)
σ	0.0748 ** (0.0370)	0.1067 *** (0.0370)	0.2904 *** (0.0527)

续表

变量	(W_{0-1})	(W_{eco})	(W_{geo})
	(1)	(2)	(3)
$W \times fd$	0.6371 ***	2.0659 ***	3.0927 ***
	(0.2021)	(0.3059)	(0.3253)
Log – L	45.1557	36.4997	13.1205
R^2	0.9735	0.9706	0.9581

注：（1） *** 、 ** 和 * 分别表示在1%、5%和10%的置信水平上显著。
（2）括号中的数值为聚类稳健标准误。

西部地区空间计量检验结果如表6－6所示。结果显示：（1）区域创新空间自相关系数σ在1%的置信水平上显著为正，说明西部地区创新也具有正向空间溢出效应。（2）基于空间视角，财政分权对区域创新激励的回归估计系数在5%和10%置信水平上显著为负，说明财政分权对地方政府行为的激励会对西部地区创新存在空间策略性"逐底"现象，一定程度上抑制区域创新水平的提升。（3）财政分权激励地方政府的财政行为尚未对周边地区创新产出产生显著性影响。其主要原因是：西部地区的陕西省、重庆市和四川省等逐步建立起区域创新活动的核心圈。特别是四川省创新产出水平与周围或邻近地区相比差异显著，并不能说明西部地区科技创新已经走上健康快速的发展之路，恰恰可能是西部地区创新活动出现空间分异的表现（王郁蓉和宋莹，2017）。

表6－6　　　　　　　　　西部地区的空间计量检验结果

解释变量	(W_{0-1})	(W_{eco})	(W_{geo})
	(1)	(2)	(3)
pat_{t-1}	0.7231 ***	0.7383 ***	0.7231 ***
	(0.0664)	(0.0764)	(0.0652)
fd	− 0.5102 **	− 0.3276 *	− 0.3179 *
	(0.2248)	(0.1944)	(0.2093)

解释变量	（W_{0-1}）	（W_{eco}）	（W_{geo}）
	（1）	（2）	（3）
pgdp	0.0875 （0.1626）	0.0813 （0.1801）	0.0001 （0.1742）
hum	0.0856 （0.1223）	0.0554 （0.1348）	0.1112 （0.1254）
fdi	0.0250 （0.0185）	0.0268 （0.0180）	0.0242 （0.0183）
ind	−0.0882 （0.1967）	−0.1147 （0.1944）	−0.1760 （0.2048）
σ	0.2360 *** （0.0390）	0.2636 *** （0.0424）	0.3060 *** （0.0452）
W × fd	−0.0457 （0.3805）	−0.4418 （0.3780）	−0.3861 （0.4846）
Log − L	66.4171	65.2254	67.1516
R^2	0.9677	0.9673	0.9673
控制个体效应	YES	YES	YES
控制时间效应	YES	YES	YES
sigma^2	0.0294 *** （0.0065）	0.0296 *** （0.0066）	0.0292 *** （0.0065）
N	198	198	198

注：（1） ***、** 和 * 分别表示在 1%、5% 和 10% 的置信水平上显著。
（2）括号中的数值为聚类稳健标准误。

第五节　稳健性检验

一、基于创新产品转化指标检验

基于创新产品转化的视角，选择新产品销售收入表示区域创新水平，具体指标为新产品销售收入占地区生产总值比重。

表 6 – 7 显示区域创新产品转化的空间自相关系数在 1% 的置信水平上显著为正，说明区域创新确实存在正向空间溢出效应。财政分权对区域创新激励空间效应的回归估计系数通过了显著性水平检验，说明财政分权激励机制改善了区域创新政策效果。邻近地区财政分权对区域创新激励空间效应的回归估计系数也通过了显著性水平检验，说明邻近地区财政分权对地方政府行为的约束和激励也会促进周边地区创新。

表 6 – 7　　　　　　　　　基于创新产品转化的稳健性检验结果

变量	(W_{0-1})		(W_{eco})		(W_{geo})	
	(1)	(2)	(3)	(4)	(5)	(6)
fd	0.25 *** (0.08)	0.23 *** (0.08)	0.21 *** (0.07)	0.18 * (0.11)	0.22 *** (0.08)	0.08 ** (0.12)
控制变量	否	是	否	是	否	是
σ	0.58 *** (0.03)	0.52 *** (0.04)	0.92 *** (0.02)	0.90 *** (0.02)	0.73 *** (0.03)	0.69 *** (0.03)
$W \times fd$	0.25 *** (0.09)	0.29 ** (0.12)	0.21 *** (0.08)	0.41 ** (0.17)	0.17 * (0.10)	0.42 ** (0.20)
$Log - L$	238.58	271.00	359.68	382.68	316.75	350.52
R^2	0.31	0.53	0.45	0.48	0.45	0.64
$sigma^2$	0.02 *** (0.00)	0.02 *** (0.00)	0.01 *** (0.00)	0.01 *** (0.00)	0.02 *** (0.00)	0.01 *** (0.00)
N	570	570	570	570	570	570

注：(1) ***、**、* 分别表示在 1%、5%、10% 水平上显著。
(2) 括号中的数值为聚类稳健标准误。

可见，结论对于更换被解释变量的定义同样适用，稳健性检验结果与实证分析结果相同，说明本章的研究结论是可信的。

二、基于收入自主权指标检验

基于收入自主权的视角，选择收入自主权表示财政分权程度，考察财政收入分享机制对区域创新激励的影响。

由表 6 – 8 可知，收入分权对区域创新产出的回归估计系数都至少在 10% 的置信水平上显著为正，说明财政分权激励机制确实有利于改善区域创新水平。区域创新空间自相关系数都在 1% 置信水平上显著为正，再次验证了辖区创新产出具有正向空间溢出效应。相邻地区财政收入自主权对区域创新激励的回归估计系数都至少在 10% 的置信水平上显著为正，说明邻近地区财政收入激励机制会改善周边地区创新产出效果。

表 6 – 8　　　　　　　　　基于收入自主权的稳健性检验结果

变量	(W_{0-1})		(W_{eco})		(W_{geo})	
	(1)	(2)	(3)	(4)	(5)	(6)
fd	1.67 *** (0.43)	1.01 *** (0.15)	0.66 * (0.38)	0.48 *** (0.17)	0.16 * (0.16)	0.34 ** (0.15)
控制变量	否	是	否	是	否	是
σ	0.52 *** (0.04)	0.57 *** (0.04)	0.51 *** (0.05)	0.47 *** (0.05)	0.66 *** (0.04)	0.69 *** (0.04)
$W \times fd$	1.23 ** (0.57)	0.19 * (0.21)	2.45 *** (0.54)	0.64 ** (0.26)	0.80 *** (0.24)	0.49 ** (0.25)
Log – L	434.06	230.14	289.99	255.49	241.63	188.48
R^2	0.41	0.38	0.34	0.44	0.33	0.42
$sigma^2$	0.21 *** (0.01)	0.10 *** (0.01)	0.13 *** (0.01)	0.11 *** (0.01)	0.10 *** (0.01)	0.08 *** (0.01)
N	570	570	570	570	570	570

注：(1) *** 、** 、* 分别表示在 1% 、5% 、10% 水平上显著。
(2) 括号中的数值为聚类稳健标准误。

可见，更换核心变量的衡量方式，稳健性检验结果与实证结果保持一致，证实了财政分权的影响导致了区域创新存在空间"竞优"效应。

本 章 小 结

基于2000～2018年中国30个省份的面板数据，构建空间杜宾面板模型，实证考察财政分权对区域创新的影响。研究发现：（1）区域创新水平本身具有空间溢出效应，相邻地区创新活动形成良好的协同集聚创新效应。（2）中国式财政分权对区域创新激励存在显著的积极影响，深化财政分权体制改革有利于调动地方政府的积极性，将有助于改善区域创新效果。（3）中国财政分权对区域创新激励的空间效应具有显著的正面促进作用，财政分权增加会显著提高相邻地区创新水平，是形成省际之间创新"趋优竞争"的重要原因。

基于上述研究结论，得到如下政策启示：（1）加强不同省份之间的联动效应。基于区域创新具有正向空间溢出效应这一实证结果，各省份在创新活动方面应当加强彼此之间的合作，积极探索地区间经济融合模式和创新资源要素布局，进一步整合和优化地区间创新资源配置，不仅要充分利用本辖区科技创新要素的集聚效应，也要加强周边地区创新要素的流动与共享，尽可能保障区域创新资源供给全覆盖，为区域创新和经济增长创造良好的知识溢出环境。（2）发挥财政激励机制对实施创新驱动战略的支持作用。由于实证结果中财政分权对区域创新具有"竞优"效应，各省份之间应当努力构建一种相对健康的"适度竞争"机制，使"中国式财政分权"对区域创新的积极影响和制度红利有效释放。中央政府也应当进一步下放财政权力，逐步提高地方政府收支自主权，整体上保障地方财政支出的灵活性与地区适宜性，激励地方政府积极探索适合本土化的创新制度和政策，厘清区域创新活动中地方政府帮扶企业、科研院所和高校等角色与职能，进而促进区域创新水平的提升。（3）落实科技领域事权和支出责任相适应的制度。由于现行财政分权体制具有"垂直不平衡"的特征，拥有更多支出自主权的地方政府在扶持创新活动时，面临着一定预算软约束的问题。因此，财政体制优化应按照财权与事权相匹配的要求，将基层政府科技领域事权责任逐渐向上级政府转移，减轻基层政府财政支出压力，注重提高中央政府直接财政科技投入占比，实现创新领域事权归位，在可控范围内提高地方政府的财政科技支出能力。（4）适度调整地方官员考核机制。官员晋升机制被认为是影响区域创新活动效果的重要体制性因素。因此，从中央到地方都应当逐渐改变以短期 GDP 增长为导向的绩效考核内容，重点突出创新效率的提升和经济长期增长的发展目标，重点关注区域创新基础环境建设过程而不是过于注重区域创新结果，并由第三方专业评估机构对地方政府的财政科技预算支出进行绩效评价，以保证创新领域财政资金的配置效率，避免单一的"自上而下"的政治晋升体制所带来的有偏激励，从而防范地方政府为了完成相应的绩效考核去盲目追逐创新数量而忽视了创新质量。

第七章

研究结论与政策建议

党的十九大报告提出："我国经济已由高速增长阶段转向高质量发展阶段。"着力推动高质量发展是未来中国经济发展的主旋律。2019 年 12 月，中央经济工作会议再次确定"着力推动高质量发展"的重要任务，要以创新驱动和改革开放为两个轮子，加快现代化经济体系建设，进一步深化科技创新体制改革，健全鼓励支持创新领域内基础研究、原始创新的体制机制。作为发挥国家重要职能的财政分权在推动区域创新发展时具有独特优势，能够在供需两端同时发挥重要激励作用，意味着中国财政分权制度在创新型经济背景下仍然成立，甚至比任何时候都关键，合适的分权激励制度能够促进创新，如果分权激励制度与区域创新不匹配，则分权激励制度会阻碍区域创新。可见，从理论和实证层面探讨财政分权对区域创新的影响具有重要的实践意义。本章系统梳理财政分权对区域创新影响的主要研究结论，为进一步推进区域创新提供政策建议。

第一节　主要结论

一、理论研究的主要结论

基于已有研究中理论基础相对薄弱和零散以及未充分考虑财政分权

激励机制和区域创新的中介效应和溢出效应，本书从多个层面分析中国财政分权的区域创新效应。具体而言，主要的研究结论如下。

第一，基于公共品、外部性理论分析，发现创新具有准公共品的属性，不同类型和阶段创新产品具有不同性质，且存在大量正或负外部溢出效应。

第二，基于多任务委托—代理理论构建财政分权影响创新政策效果的理论模型，发现经济分权会抑制区域创新政策效果，但政治集权又会弱化经济分权的负面效应，区域创新效果取决于政治激励和经济分权之间的协调和平衡。若创新作为政府推动经济发展的重要经济行为，那么，财政分权激励机制会促进区域创新产出。

第三，财政分权是政府发挥作用的重要激励机制，地方财政行为波动是中国财政分权治理的基本特征之一。财政分权对地方政府行为的激励和约束，可以通过财政科技投入、创新领域事权划分、地方税收和土地财政等政策工具去调控区域创新活动。

第四，基于政府间"标尺竞争"理论建立财政分权影响创新的空间溢出效应理论模型，发现财政分权的影响导致了地区间创新具有"竞优"效应，辖区政府创新行为决策也会考虑邻近或周边地区创新水平，说明地方官员为了提高自身政治声望和争取最大晋升机会，政府间会以相邻或周边地区创新投入为标尺。

二、实证研究的主要结论

基于理论模型的研究，根据 30 个省份（因样本数据缺失，我国西藏和港澳台地区暂未涵盖）的数据，运用探索性时间、空间数据对中国财政分权对区域创新进行现状考察，基于对理论模型的理性预期和财政分权、区域创新和政府财政行为的特征事实进行了实证检验分析。运用固定或随机面板模型、门槛面板模型、中介效应面板模型和空间面板模型，分别从全国和分地区两个层面进行了实证分析，实证过程中充分考虑了财政分权与区域创新的指标单一性、地区异质性、模型内生性问题、样本区间选择偏误和空间权重矩阵选取对实证结果的影响，得到了相对稳健的实证结果。

第一，创新作为政府推动经济发展的重要动力，财政分权激励机制确实改善了区域创新政策效果，强化了政府创新事权和支出责任，结论对于不同的研究方法和变量定义均稳健。但会因地区差异表现出不同影响效应，东部地区表现显著，中、西部地区表现不显著。

第二，财政分权对区域创新影响确实存在"单一门槛效应"，说明当财政分权强度低于门槛值时，财政分权能够显著促进区域创新水平提升，当财政分权强度跨越门槛值后，对区域创新的估计系数未能通过显著性检验，说明过度财政分权对区域创新激励产生了负面作用。

第三，地方财政行为对区域创新的中介效应显著。财政科技投入、创新领域事权划分、地方税收和土地财政都通过了 Bootstrap 检验。其中，财政科技投入、创新领域事权划分和地方税收努力程度对区域创新具有部分中介效应，土地财政收入对区域创新存在一定"遮掩效应"，结论对于不同的研究方法和变量定义均稳健，但因地区差异表现出不同的影响效应。

第四，区域创新活动存在显著的空间依赖关系，即区域创新活动与邻近地区的区域创新活动显著正相关，且近年来区域创新的空间依赖程度在不断增加。可见，邻近或周边地区形成了协同创新集聚效应。

第五，在不考虑邻近地区影响时，财政分权与区域创新显著相关。当考虑邻近地区的影响后，财政分权对区域创新存在显著的地区交叉影响，说明区域创新活动不仅与本地区财政分权激励程度、邻近或周边地区创新活动相关，而且与邻近或周边地区财政分权激励程度密切相关，结论对于不同的研究方法和变量定义均稳健。

第六，基于空间视角，财政分权激励程度对区域创新的空间效应存在地区异质性。东、中部地区财政分权激励的影响导致了区域创新具有"竞优"效应，西部地区财政分权激励的影响导致了区域创新具有"竞次"效应。具体而言，东部沿海地区及部分中部地区处于"高—高"空间分布形式。然而，处于"低—高"和"低—低"区域的大部分是西北、西南及东北地区。

第二节 政策建议

财政作为国家治理体系和治理能力现代化的支柱，在促进区域创新发展时具有独特优势。因此，应继续优化财政分权制度，规范地方财政行为以及推进财政配合其他改革来促进区域创新发展。

一、推动区域创新的财政分权改革方向

按照中国财政分权的实施主体、运行载体、实践绩效和外力保障的基本维度（马万里，2015），未来政府推进区域创新的财政分权改革方向关键在于官员治理、制度设计、人民主权和监督机制四个方面。

（一）优化政绩考核机制

"放权让利"财政分权体制的治理主体是中央和地方官员，进一步发挥地方官员的积极性，对地方政府行为取向、职能履行和实践绩效产生决定性影响。加强官员治理关键在于中央政府制定一套科学、规范的官员晋升激励考核体系，以及在官员考核、晋升以及任免方面能够最大程度实现民主化。

第一，在考核理念上，理念是行动的先导，着力加强新的观念引导，要从源头上转变"唯GDP"理念。从中央到地方都要凝聚区域创新驱动发展共识，出台或颁布地方官员相关的考核办法、意见或规定，可以通过新媒体平台进一步解读相关政策精神。尤其是基层官员出现不适应、不适合甚至违背创新驱动发展理念的认识时，应立即调整，其行为应坚决纠正，错误做法应彻底摒弃。同时，也要对基层干部树立正确的创新观给予支持和褒奖，使进一步发扬和践行新的创新

观成为地方官员的思想自觉和行动自觉，为推动创新驱动发展战略引领方向、提供保障。

第二，在考核内容上，从中央到地方必须逐渐改变以 GDP 增长为导向的绩效考核内容（杨灿明，2017）。具体而言，在干部考核体系中淡化 GDP 指标，但淡化经济指标并不是意味着经济增长的重要性下降。在全面考核经济社会发展、深化改革、法治建设和党的建设成效的基础上，重点突出对区域创新相关方面考核，适当调整区域创新相关方面的政绩考核指标权重，着力解决地区间创新方面"不平衡、不充分"问题（杨志安和邱国庆，2019）。同时，地方干部考核内容上应以区域创新绩效为主导向区域创新建设过程和结果并重转变，由注重短期创新绩效要向注重长期创新绩效转变，由注重"硬"指标（上级规定）向注重"软"指标（群众获得感）转变，要始终牢记人民利益至上的出发点和落脚点，着力提升人民群众的获得感、幸福感。

第三，在考核方式上，中央和地方应坚持事中与事后、内部与外部评价考核方式相结合原则，尤其是健全第三方参与政绩考核机制。长期以来，地方官员主要以内部考核为主要方式，意味着地方政府具有"裁判员、运动员"的双重身份（段忠贤和吴艳秋，2019），出现"轻过程、重结果"的现象。未来地方官员在考核方式上应建立一个多元化政绩考核体系，由上级政府、职能部门、第三方评估机构和社会公众组成的内部与外部评价相结合的考核方式。对于区域创新方面的考核，理应注重区域创新基础环境建设过程而不是过于注重区域创新结果，由第三方专业评估机构对财政科技预算支出进行绩效评价，以保证创新领域财政资金的配置效率。

（二）完善制度设计

制度软约束是地方政府行为变异的生成及强化机制（张建波和马万里，2018），这成为引致中央和地方行为不一致的重要原因。限制和约束地方政府行为变异是进一步完善中国财政分权体制改革的关键环节。

第一，加快建立现代政府预算制度。政府预算不仅是政府财政收支计划，而且也是约束利益相关者行为的重要途径（杨志安和邱国庆，2018），是中央和地方财政分权安排的具体表现，又兼容民主、法治、权利等要素（马万里，2015）。完善政府预算制度成为塑造"地方代理人"角色和财政分权改革最根本、最核心的制度要求。党的十九大报告提出："建立全面规范透明、标准科学、约束有力的预算制度，全面实施绩效管理"的重要论述。新时期政府预算制度需要按照党中央要求逐步完善，尤其是在预算编制、执行、监督、审查和绩效评价等方面要充分体现民主化、规范化、透明化、法治化和公开化，切实做到有效约束地方财政行为，所以涉及创新领域财政预算资金在编制、执行、审查和绩效评价方面要坚持做到规范化、透明化和法治化，切实保障创新领域财政支出效率。

第二，推进有关财政分权法律体系建设。尤其是中央与地方创新领域事权和支出责任划分改革，必须破解行政性权力配置财政资源模式的现实困境，以法治匹配财政体制及政府间事权与支出责任划分。未来财权和事权划分应按照国家治理现代化、现代政府、现代财政和现代财政制度的逻辑要求，逐步建立起法治型财政体制，确立法治化的权力配置模式（马万里，2018）。具体而言，财政体制法治化建设应借鉴西方发达国家的经验，按照国家法律形式规范政府间权、责、利的划分。要在宪法层面给予财政分权相应的指导，进一步完善与财政体制相关的基本法律法规，尤其是尽快出台"政府间财政关系法"，促使财政分权法治化具备法理依据。

第三，注重财政体制内部机制优化。首先，财政体制优化应按照财权与事权相匹配的要求，将基层政府创新事权责任逐渐向上级政府转移，减轻基层政府财政支出压力，注重提高中央政府直接财政科技投入占比，实现创新领域事权归位。同时，健全地方财政收入激励机制，防范因财政体制自身约束不足导致地方收入行为异化，逐步培育地方主体税种是未来财权改革的重点，避免地方政府过度依赖流转税收入的同时，也要改革创新领域财政专项转移支付方式，进一步健全财政转移支付结构的信息公开制度，以保证创新领域财政转移支付资金的配置效率。

（三）确保人民主权

财政资金是公共资源，其最终的支配权归属于人民，其配置好坏的最终判定主体是社会公众（王桦宇，2014）。财政分权改革理应始终坚持人民主权至上的理念，按照权利本位的内在要求，逐渐将财权和事权相匹配提升到权力和权利相匹配的高度。在推动中国财政分权和地方政府改革过程中始终贯穿人民主权的理念，要将人民享有的知情权、监督权和决策权等内化为具有可操作性的制度安排。从权力到权利的匹配要求地方财政行为以满足公共需求为导向，逐渐建立起完善的民主化财政分权体制，促使地方政府能够以公共需求为出发点和落脚点，塑造以人民主权为主的"地方代理人"，创建以民众为中心的地方政府，突出强调满足民众需要的权利思想，以实现权力—权利相匹配。财政分权改革应坚持从权力本位向权利本位转变，切实做到公共需要成为政府履行职能的出发点，使地方政府真正维护广大民众的利益和权利。

（四）健全监督机制

健全监督机制是财政分权有效运行的外力保障和矫正地方政府参与区域创新活动的财政行为异化的关键环节。第一，着力深化人大及其常委会预算督查机制，逐步建立起立法型审计督查体系，着重加强中央对地方创新领域转移资金的事中及事后审查，能够及时纠正和惩罚地方财政异化行为。第二，强化司法机关对地方财政行为的约束作用，不断健全问责有效的分权体制，要从根本上塑造以权利本位的"地方代理人"，使地方政府真正以社会公众需要为中心。第三，继续拓宽财政监督的民主广度。将社会公众、审计部门、新闻媒体以及社会中介机构等利益主体都纳入财政监督过程中，最大限度地实现利益相关者行为互动的规范性，并逐步健全利益相关者的利益诉求机制，一定程度上能够制约利益相关者非常规性利益对抗行为，减轻或者消除利益相关者的利益矛盾和摩擦，从而逐步建立相对稳定的政府预算利益诉求秩序。第四，由"重放权、轻监督"向分权和监督相结合的转变（上官莉娜，2014），要不断完善监督机制的配套措施，通过建立大数据信息采集平台进一步加强财政信息公开机制，摆脱传统单向的以结果为导向的监督机制，实现各级政府线上线下有效互动的监督方式。只有分权和监督的有效结合，才能使各级政府分工明确、良性运作以及发挥效能。

二、推动区域创新的财政政策选择

科技创新是推动中国中长期经济发展新旧动能转换的重要路径，能够在推动经济高质量发展过程中起到中流砥柱的作用，是高质量发展的必由之路，而财政为其有效实施提供了基本保障。在此目标取向下，结合前文实证分析结果，本书提出扩大创新领域财政支出规模、完善科技"双向"分权体制、规范地方税收行为和约束地方扩张性土地出让行为的对策建议，以促进供给体系质量的提高。

（一）扩大创新领域财政投入规模

鉴于目前创新驱动发展任重道远，现阶段创新领域财政科技支出规模略显不足。

首先，各级政府应该从财政支出的存量和增量两方面切实加大区域创新的直接投入规模，要把科技作为财政支出重点领域，持续扩大创新领域财政科技投入规模，确保财政科技支出只增不减，也可以适度压缩一般公共服务支出规模。同时，各级政府运用财政政策还应该从结构上解决问题，当前可以加大区域创新相关财政支出，扩大区域创新相关的基础研发、成果转化、基础建设和研发人员补助的财政兜底范围。

其次，要重视财政资金间接投入的长期投资。财政教育支出与区域创新具有较好的关联性作用（李光龙和范贤贤，2019），其具有长期投资效应，属于耐久性消费品。从中央到地方要继续提高财政教育支出规模，提高人力资本存量，进而实现区域创新水平的提高。

最后，要加强创新领域专项财政资金整合力度。目前，从中央到地方一直高度重视区域创新发展，各级别各门类的财政专项资金相对碎片化，过于复杂的审批流程引致财政创新资金配置效率偏低。未来各级政府应该有效整合创新领域相关财政专项资金，建立统一有效的、能够发挥规模效应的专项创新资金。

（二）完善科技"双向"分权体制

由于中国科技体制改革过程实质上是"双向"分权体制改革的立体交叉推进过程（廖直东和姚凤民，2019），所以完善科技领域分权体制还应从中央和地方、政府和市场两个方面加以努力。

第一，健全中央与地方创新领域的事权和支出责任划分机制，需要进一步清理和规范现有创新领域内专项转移支付项目，凡属于中央政府科技事权和支出责任，中央财政予以足额保障；属于地方政府科技事权和支出责任，地方财政要给予足额保障，中央层面不再安排专项；属于中央和地方共同事权的事务，要明确划分政府间支出责任分担比例，明确相关管理办法；属于中央政府的科技领域事权但委托地方政府管理的事务，中央应设立专项转移支付，承担相应支出保障责任，同时建立健全对地方政府的管理绩效的考核规范（傅才武和宋文玉，2015；杨志安和邱国庆，2019）。

第二，学界关于区域创新体系中的市场与政府关系存在分歧，即政府是否应该介入区域创新。支持者认为，经济行为具有完全信息与完全理性过于理想，不确定性和有限理性才是经济行为的基本假设，创新难以依靠单一的市场机制实现，尤其是科技创新发展初期，具有信息极不完全、市场运行困难等问题，需要政府行为协助（斯蒂格利茨，2002）。反对者认为，创新领域即使存在市场失灵现象，也不及政府失灵严重和普遍，政府收集和分析能力的有限理性会随事务复杂化而愈发严重（速水佑次郎和神门善久，2009）。蒋绚（2015）认为，全球范围无障碍流通和全球范围的自由主义从不存在，各国普遍存在技术发展与接触不均，在此前提下探讨单一国家是否对技术创新实行自由主义很不合理。况且，创新难以毫无阻碍地实现从基础研究到商业转化，所以政策和政府需要承担相应责任。结合本书的研究结论，市场化对区域创新活动具有一定负面效应，所以创新领域政府向市场分权应重新界定创新驱动型经济下政府与市场间关系，重视政府在弥补市场机制调节不足过程中的重要作用，重视政府在区域创新活动中的战略引领作用，强化政府参与创新活动的主体作用，加大对基础研究、前沿技术、关键技术和共性技术等领域的财政投入，优化区域创新治理体系，完善区域创新政策框架，为培育经济增长新动能提供更好的制度环境。

（三）规范地方税收行为

地方税收成为影响区域创新的重要因素，已有文献尚未表明地方税收负担水平与区域创新呈现负向相关关系，结合本书实证结果与分析，发现地方税收对区域创新存在中介效应，说明合理税收安排既能保证地方拥有相对充足的收入，又能减少税收对区域创新活动的干预。

第一，要保持税收政策的一致性和连续性，确保地方本级宏观税负水平相对稳定，通过立法落实税收法定原则，确保税率、征税对象和计税依据等基本税收要素的法定，进而有效约束地方"攫取之手"。同时，中央政府要全面清理地方出台一些不合理、不规范的税收优惠政策、减免税政策和引税行为，做到应收尽收，杜绝"任务治税、计划治税"现象，严防"过头税"（杨志安和邱国庆，2019）。

第二，要发挥税收对区域创新的激励作用应该着眼于税制结构调整（张希等，2014），提高中央和地方共享税中的地方分成比例，全面改革现行地方税制结构（费茂清和石坚，2014）和处理好直接税和间接税的关系（陈志勇，2015），尤其是实施高端技术创新活动的专项结构性减税，也要适当运用一些税收手段淘汰占据过多科技资源的低端创新活动，遏制"引进来"涌入我国一些低端技术（吴非等，2018）。

第三，要继续培育和确立地方主体税种，弥补地方财力不足，实现地方财政可持续发展（杨志安和郭矜，2014；王曙光和章力丹，2019），加快增值税、消费税、资源税、房地产税改革（王宇，2015），培育省、市两级政府的主体性税种和辅助性税种，中央向地方适度下放税收管理权限，按照税制结构和税种特征加快推进划分中央和地方税收收入的进程，尽可能扩大地方本级税源范围，充实地方主体性税种，以提高地方本级财政收入的稳定性（崔志坤等，2014）。地方本级税制结构调整以及主体税种的培育要适应国家创新驱动发展的要求，集聚创新要素协同发力，激发创新主体活力（刘尚希和樊轶侠，2019），尤其是加大对技术研发人员创新激励力度，要注重企业所得税和个人所得税在创新型人才激励中的协同作用，也要提高部分激励创新税收政策的普惠性，如允许创业投资机构在实际投资中高新技术企业的额度占其总投资额的比例超过一定门槛后，实施15%的税率进行征缴企业所得税，适当加大对企业从事基础研究和基础性、先导性产业的税收扶持力度。

（四）约束扩张性土地出让行为

鲁元平等（2018）认为，制度设计缺陷及其制度运行所依赖的外部环境可能导致土地财政具有一定负面效应。结合本书实证结果与分析，发现财政分权对地方政府行为的激励，具有扩张性土地出让的行为动机。尤其是地方政府拥有绝对垄断土地资源配置权，掌握土地交易市场的完全信息，扩张性土地财政策略的负面效应逐渐显现。鉴于此，中央层面要健全土地资源配置相互制约机制，打破地方政府土地征用与供应的绝对垄断权，逐步建立"一事一议"土地资源规划和开发议程，及时有效地公开土地资源交易市场信息，积极引入市场竞争机制以及融合多方面主体协同治理地方土地资源开发、利用与交易，全面提高地方土地资源利用效率（杨志安和邱国庆，2019）。

此外，中央层面也要健全土地相关管理体制，营造良好的创新环境，将土地财政收入完全纳入政府预算体系，进一步约束和规范政府性基金收支行为的同时，强化土地资源监管力度，尤其是加大土地资源配置方面违法违规行为的惩罚力度，坚决打击土地贪污、腐败违法行为，压缩地方官员土地寻租空间，尽快盘活一些闲置土地用于"大众创业、万众创新"，为营造良好的创新生态环境提供重要制度保障（安勇和原玉廷，2019）。

三、推动区域创新的财政与其他配合改革

财政作为激发区域创新活力的重要手段，也会出现一些潜在风险或不确定性现象，单纯依赖政府运用财政政策工具激励区域创新活力远远不够，必须注重相关配套措施的改革，以实现整体区域创新环境的改善。鉴于此，结合本书的研究结论和新时期经济高质量发展的动力要求，本书提出完善区域创新系统建设的相关配套措施关键在于人才政策、产业升级、对外开放和空间规划四个方面。

（一）释放人才红利

党的十八大报告明确提出"创新驱动发展的实质是人才驱动"的重要论述，进一步凸显人才对创新驱动发展的重要性。因此，要进一步挖掘人才红利是实现创新驱动发展的重要前提。

第一，要始终牢固树立"人才建设是第一建设"的观念，深刻认识人才对区域创新系统建设的基础性、战略性、决定性作用，积极建设落实以激发创新活力为导向的激励政策，完善股权以及分红等激励机制，提升创新型人才获得感，充分调动企业研发人员、科研机构科技人员等各类创新创业主体的积极性，同时进一步加强创新成果转化收益办法，打造"千人计划创业园建设"和"高层次人才集聚服务"，充分发挥国内人才引进集聚的导向作用。

第二，要加强地区间高层次人才合作与共享。各级政府部门要进一步完善地区高层次人才专家信息数据库，给予从事创新活动优惠政策的同时，也要加强地区高层次人才户籍制度改革，充分保障高层次人才享受基本公共服务的权利，为进一步加强地区间人才流动、共享与合作提供良好的制度条件。同时，建立"请进来"和"走出去"

双向互动机制，积极鼓励地区间、行业间和部门间高层次人才共用共享，采取挂职、交流、特聘、客座等方式激励一批科技、经济和管理人才交叉任职。

第三，要促进创新型人才地区间合理分布。中央层面要注重调整和优化科技人才区域结构，积极实施专项人才经费转移支付、专项科技研发计划（专项、基金等），健全一些欠发达或偏远地区人才补偿奖励机制，采取对口支援合作以及建设研发基地等多项举措，切实改善地区间创新型人才分布不平衡的现象。

第四，要进一步完善高层次人才引进的财政支持战略，满足高端产业和战略新兴产业的发展需求。加快制定高层次、复合型、创新型人才开发和激励计划，完善人才发展机制，采用财政补贴、税收减免等措施，降低企业人才引进的经济负担。

（二）产业结构升级

从中央到地方在推进产业结构升级方面取得了相对显著的阶段性成果，但真正实现"三二一"产业结构顺序转变的目标仍需努力。

第一，要建立产业升级与科技创新之间良性互动的发展机制，关键在于生产要素配置和适应市场需求变化，所以政府需要注重引导投入要素结构转变、人力资本水平积累和社会资本投入的同时，也要积极引导市场消费需求、投资需求以及进出口需求与技术创新需求相适应，进而加快推进区域创新发展进程。

第二，要积极转变财政政策调控产业结构升级的方式，注重发挥财政"双刃剑"效应，实现产业结构高级化。由传统扩大投资、提高财政补贴以及税收减免优惠的财政增量向消解存量转变（储德银和建克成，2014），也应摒弃以往单一总量增长的财政政策取向。尤其是迫切需要扶持产业，政府要积极实施专项财政补贴、结构性减税的鼓励性政策。反之，政府也要严格采取专项财政免补、结构性增税的抑制性政策，进一步淘汰产能过剩的产业，遏制一些高污染、高耗能、低产出的行业。从政策上引导和鼓励产业结构升级，最终服务于国家创新驱动发展战略的需要，尤其是进一步完善战略新兴产业和制造业的立体式财税优惠政策，积极鼓励"大众创新、万众创新"，重在引导投资消费结构，助推战略新兴产业与先进制造业从数量扩张向质量提高的战略性转变，提升中国先进制造业和战略新兴产业的核心竞争力，推进"制造"向"智造"的全新转变，最终实现新旧动能转换（王雄飞等，2018）。

（三）深化对外开放

"引进来"和"走出去"是实施新一轮高水平对外开放的"一体两翼"，也是实现国家创新驱动战略目标的重要路径（刘志彪，2015）。

首先，在"引进来"过程中，各级政府必须摒弃传统招商引资"外来皆宜"的传统理念，要不断提高"引进来"的技术市场准入门槛，鼓励高新技术外资企业落地，进一步扩大外资引入的技术溢出空间，从而延续"引进来"的创新驱动力（李勃昕等，2019）。

其次，要明确"走出去"的战略重点，积极引导和扶持企业海外投资，要重点加强创新领域的技术开发项目、重大基础研发项目以及"卡脖子"领域的攻坚技术等合作，应以战略新兴产业和先进制造业为突破口。尤其是加大对发达国家"走出去"，需要更好地承接和转化世界先进技术，逐渐形成具有中国创新优势，更好地发挥中国"双环流价值链"承上启下的链接作用，有效保持与发达国家在科学技术领域的紧密联系。

最后，要健全"引进来"和"走出去"双向互动机制。本土企业着力发挥"引进来"外商投资的水平溢出、前向溢出与后向溢出效应，实现企业生产率水平的提升，间接地促进本土企业科技创新能力的提升，进而提高企业"走出去"的能力（李磊等，2018）。同时，本土企业也要充分利用"走出去"的逆向技术转移功能、创新要素共享机制、创新产品反馈机制以及国外市场竞争机制（李丹和董琴，2019），通过提升本土企业产学研能力，以有效地提升中国科技创新水平，进而为高质量"引进来"奠定基础。

（四）区域空间协同

由于地区间创新活动存在较强的空间关联性，所以在推进区域创新共同体的政策实践中，政府应充分认识到地区间创新要素协同的重要作用，应具有全局性思维理念，充分发挥"区域一体化"创新活动具有"一荣俱荣"的扩散效应。

首先，区域创新系统建设不仅要充分利用本辖区创新要素集聚效应，也要加强周边地区创新要素流动与共享，重视开展创新活动的区位因素，加强区域创新合作，实现区域创新协调发展。如京津冀其他地区可以依托北京的创新平台，集聚创新要素和释放创新活力。同时，区域创新系统建设过程中也要注重发挥本辖区财政分权激励效应，更要注重相邻地区的财政分权激励对本地区创新的重要影响，说明若周边地区的分权激励制度与本地区创新相匹配时，可以利用空间经济相邻性促进本地区创新发展。

其次，要想更好地推动区域创新协同发展，实现"区域一体化"的远期目标。未来政府需要将财政合作理念纳入"区域一体化"创新协同发展中（段铸和王雪祺，2014；杨志安和邱国庆，2016；王丽，2018），地区间应实施联合财政预算、协同税收机制，协同支出机制，创新横向转移支付（赵国钦和宁静，2015）以及规范财政竞争秩序等方面的重要措施，以整合区域创新协同治理的财政资源，助力地区间通过契合的地方财政合作加速推进区域创新协同发展，实现协同功效。

最后，要加强区域空间规划协同。近年来，从中央到地方在完善区域空间协同规划方面取得了显著进展，尤其是长三角地区和京津冀地区，具有中国"区域一体化"发展的典型性经验。如《上海大都市圈空间协同规划》和《京津冀协同发展规划纲要》相继颁布，表明长三角地区和京津冀地区"区域一体化"进一步升级。未来政府加强区域创新系统建设过程中也应考虑空间规划协同，借鉴长三角地区和京津冀地区的协同发展经验，注重地区发展规划与创新战略规划的有机结合，积极探索地区间经济融合模式和创新资源要素布局，进一步整合和优化地区间创新资源配置，充分发挥创新活动的空间溢出效应，尽可能保障区域创新资源供给全覆盖，以实现区域创新能力的提高。

第三节　扩展性研究展望

本书重点从理论和实证层面探讨"中国财政分权是否促进区域创新"这一核心问题。与已有文献相比，本书的贡献在于：第一，借鉴多任务委托—代理理论，构建财政分权影响区域创新政策效果的理论模型。第二，中国财政分权对地方政府行为的激励，进而对辖区创新活动的影响进行理论分析；第三，基于空间视角，借鉴"标尺竞争"理论模型，探讨财政分权影响辖区创新的空间效应。第四，基于省级行政区的面板数据，运用计量经济模型分别检验财政分权激励对辖区创新产出的直接效应、间接效应和空间效应。第五，基于上述实证结果，提出健全推进辖区创新的财政分权激励机制、完善推进辖区创新的财政政策以及财政配合其他领域改革的合理化建议。第六，希冀本书的研究结论和政策建议能够为区域创新体系建设和财政分权激励体制改革提供重要的经验性证据。

虽然本书的研究结果较好地反映财政分权与区域创新的关系，但相关研究仍具有很大的研究空间，未来扩展性研究可以从以下方面继续展开深入验证。第一，从中观和微观上拓展研究内容层级。从省级的宏观层级、城市的中观层级与企业的微观层级展开研究，探讨财政分权对区域创新的激励效果。具体而言：（1）城市是创新活动的空间载体，将研究视角下沉至城市层级，分析财政分权对城市创新激励的有效性问题。（2）企业是创新活动的微观单元，制造业是创新活动较为密集的产业。将研究视角下沉至企业层级，基于制造业上市公司面板数据考察财政分权对企业创新绩效的激励效果。第二，从受益对象上细化区域创新激励主体。对区域创新激励主体进行细致量化，将其划分为企业、高校或科研机构等。探究财政分权对区域不同受益主体创新活动的激励效果。具体而言，将省级层面的面板数据与《中国工业企业数据库》的微观数据进行有效匹配，以探讨财政分权对企业、高校或科研机构创新投入、产出及效率等方面的影响，揭示财政分权影响区域创新效应的微观机制，以及分析不同规模、性质企业或行业是否存在异质性。

参 考 文 献

[1] 安勇、原玉廷：《土地财政、扭曲效应与区域创新效率》，载于《中国土地科学》2019 年第 8 期。

[2] 白俊红、戴玮：《财政分权对地方政府科技投入的影响》，载于《统计研究》2017 年第 3 期。

[3] 白俊红、蒋伏心：《协同创新、空间关联与区域创新绩效》，载于《经济研究》2015 年第 7 期。

[4] 白俊红：《中国的政府 R&D 资助有效吗？来自大中型工业企业的经验证据》，载于《经济学（季刊）》2011 年第 4 期。

[5] 白彦锋、贾思宇：《财政分权对区域创新能力的影响——基于土地财政中介效应的实证研究》，载于《财政监督》2019 年第 12 期。

[6] 卞元超、白俊红：《"为增长而竞争"与"为创新而竞争"——财政分权对技术创新影响的一种新解释》，载于《财政研究》2017 年第 10 期。

[7] 卞元超、吴利华、白俊红：《财政科技支出竞争是否促进了区域创新绩效提升？——基于研发要素流动的视角》，载于《财政研究》2020 年第 1 期。

[8] 钞小静、任保平：《中国经济增长质量的时序变化与地区差异分析》，载于《经济研究》2011 年第 4 期。

[9] 陈宝明、文丰安：《全面深化科技体制改革的路径找寻》，载于《改革》2018 年第 7 期。

[10] 陈庆海、熊漫昀、赵添奕等：《福建区域税收负担差异对创新驱动发展的影响》，载于《集美大学学报（哲学社会科学版）》2019

年第 3 期。

[11] 陈庆江：《政府科技投入能否提高企业技术创新效率?》，载于《经济管理》2017 年第 2 期。

[12] 陈志勇：《现代税收与政府预算：内在逻辑和制度契合》，载于《税务研究》2015 年第 2 期。

[13] 陈治国、辛冲冲、汪晶晶等：《财政分权对创新水平的影响效应研究——基于双向固定效应模型的实证分析》，载于《公共财政研究》2017 年第 2 期。

[14] 程广斌、侯林岐：《财政分权视角下的地方政府竞争模式与区域技术创新研究》，载于《现代经济探讨》2021 年第 6 期。

[15] 储德银、韩一多、张同斌等：《中国式分权与公共服务供给效率：线性抑或倒"U"》，载于《经济学（季刊）》2018 年第 3 期。

[16] 储德银、建克成：《财政政策与产业结构调整——基于总量与结构效应双重视角的实证分析》，载于《经济学家》2014 年第 2 期。

[17] 崔志坤、王振宇、常彬斌：《"营改增"背景下完善地方税体系的思考》，载于《经济纵横》2014 年第 1 期。

[18] 戴魁早、刘友金：《行业市场化进程与创新绩效——中国高技术产业的经验分析》，载于《数量经济技术经济研究》2013 年第 9 期。

[19] 党文娟、张宗益、康继军：《创新环境对促进我国区域创新能力的影响》，载于《中国软科学》2008 年第 3 期。

[20] 董瑞丰、施雨岑、胡喆：《创新，在复兴的征程上——以习近平同志为核心的党中央关心科技创新工作纪实》，新华网，2019 年 1 月 9 日。

[21] 段忠贤、吴艳秋：《推动高质量发展的政绩考核机制构建思路》，载于《领导科学》2019 年第 2 期。

[22] 段铸、王雪祺：京津冀经济圈财政合作的逻辑与路径研究》，载于《财经论丛》2014 年第 6 期。

[23] 方红生、张军：《中国地方政府竞争、预算软约束与扩张偏向的财政行为》，载于《经济研究》2009 年第 12 期。

[24] 费茂清、石坚：《论我国地方税体系重构的目标与途径》，载于《税务研究》2014 年第 4 期。

[25] 风笑天：《社会学研究方法》，中国人民大学出版社 2001 年版。

[26] 付文林、沈坤荣：《均等化转移支付与地方财政支出结构》，载于《经济研究》2012 年第 5 期。

[27] 傅才武、宋文玉：《创新我国文化领域事权与支出责任划分理论及政策研究》，载于《山东大学学报（哲学社会科学版)》2015 年第 6 期。

[28] 傅勇：《财政分权、政府治理与非经济性公共物品供给》，载于《经济研究》2010 年第 8 期。

[29] 傅勇、张晏：《中国式分权与财政支出结构偏向：为增长而竞争的代价》，载于《管理世界》2007 年第 3 期。

[30] 甘家武、龚旻、张鑫：《财政分权对税负波动的影响：基于地区间税收竞争的视角》，载于《云南财经大学学报》2017 年第 3 期。

[31] 宫汝凯：《财政不平衡和房价上涨：中国的证据》，载于《金融研究》2015 年第 4 期。

[32] 龚锋、雷欣：《中国式财政分权的数量测度》，载于《统计研究》2010 年第 10 期。

[33] 龚刚敏、赵若男：《财政分权对区域技术创新影响的空间计量分析》，载于《财经论丛》2021 年第 3 期。

[34] 龚辉文：《支持科技创新的税收政策研究》，载于《税务研究》2018 年第 9 期。

[35] 谷成：《中国财政分权的轨迹变迁及其演进特征》，载于《中国经济史研究》2009 年第 2 期。

[36] 郭贯成、汪勋杰：《财政分权、地方财政赤字与土地财政》，载于《财经论丛》2014 年第 12 期。

[37] 郭婧、贾俊雪：《地方政府预算是以收定支吗？——一个结构性因果关系理论假说》，载于《经济研究》2017 年第 10 期。

[38] 郭庆旺、贾俊雪：《财政分权、政府组织结构与地方政府支

出规模》，载于《经济研究》2010 年第 11 期。

[39] 何德旭、苗文龙：《财政分权是否影响金融分权——基于省际分权数据空间效应的比较分析》，载于《经济研究》2016 年第 2 期。

[40] 何海锋：《金融科技的创新路径、创新失灵与制度需求》，载于《财经法学》2019 年第 3 期。

[41] 何江、张馨之：《中国区域经济增长及其收敛性：空间面板数据分析》，载于《南方经济》2006 年第 5 期。

[42] 何凌云、马青山：《财政分权对城市创新的影响——基于地方政府竞争视角》，载于《经济与管理研究》2020 年第 10 期。

[43] 和瑞亚、张玉喜：《中国科技财政对科技创新贡献的动态估计研究——基于结构向量自回归模型的实证分析》，载于《研究与发展管理》2013 年第 5 期。

[44] 胡娟、陈挺：《财政分权、地方竞争与土地财政——基于一般均衡框架》，载于《财经论丛》2019 年第 3 期。

[45] 胡丽华：《经济全球化时代建立支持自主创新财政政策体系的思考》，载于《管理学刊》2012 年第 2 期。

[46] 胡丽娜：《财政分权、财政科技支出与区域创新能力——基于中国省级面板数据的实证研究》，载于《经济体制改革》2020 年第 5 期。

[47] 胡元聪、王俊霞：《科技创新正外部性的经济法激励探讨》，载于《科技与经济》2013 年第 5 期。

[48] 贾俊雪、郭庆旺、宁静：《财政分权、政府治理结构与县级财政解困》，载于《管理世界》2011 年第 1 期。

[49] 贾康、刘薇：《论支持科技创新的税收政策》，载于《税务研究》2015 年第 1 期。

[50] 蒋绚：《政策、市场与制度：德国创新驱动发展研究与启示》，载于《中国行政管理》2015 年第 11 期。

[51] 雷平、张宁亭：《"政治集权，经济分权"与政府差别化税收策略研究》，载于《中南财经政法大学学报》2015 年第 1 期。

［52］雷淑珍、高煜、刘振清：《政府财政干预、异质性 FDI 与区域创新能力》，载于《科研管理》2021 年第 2 期。

［53］黎文飞、唐清泉：《政府行为的不确定抑制了企业创新吗？——基于政府财政行为波动的视角》，载于《经济管理》2015 年第 8 期。

［54］李勃昕、白云朴、黄钺：《从"引进来"到"走出去"：跨境投资的创新驱动方向转变了吗?》，载于《现代财经（天津财经大学学报)》2019 年第 12 期。

［55］李丹、董琴：《"引进来""走出去"与我国对外开放新格局的构建》，载于《中国特色社会主义研究》2019 年第 2 期。

［56］李凤娇、吴非、任玎：《财政分权、地方政府效率与区域创新》，载于《科研管理》2021 年第 2 期。

［57］李光龙、范贤贤：《财政支出、科技创新与经济高质量发展——基于长江经济带 108 个城市的实证检验》，载于《上海经济研究》2019 年第 10 期。

［58］李华、周卉、王金萍：《提升企业科技创新能力的财政政策选择——基于辽宁的阐释》，载于《社会科学辑刊》2012 年第 6 期。

［59］李磊、冼国明、包群：《"引进来"是否促进了"走出去"?——外国投资对中国企业对外投资的影响》，载于《经济研究》2018 年第 3 期。

［60］李琳、周一成：《财政分权对中国工业企业创新能力的影响研究》，载于《财贸研究》2018 年第 7 期。

［61］李萍：《中国政府间财政关系图解》，中国财政经济出版社 2006 年版。

［62］李齐云、马万里：《中国式财政分权体制下政府间财力与事权匹配研究》，载于《理论学刊》2012 年第 11 期。

［63］李涛、刘思玥、刘会：《财政行为空间互动是否加剧了雾霾污染？——基于财政—环境联邦主义的考察》，载于《现代财经（天津财经大学学报)》2018 年第 6 期。

［64］李一花、乔敏、董旸：《土地财政及其影响——基于市级层面的研究》，载于《财贸研究》2015 年第 6 期。

［65］李政、杨思莹：《财政分权体制下的城市创新水平提升——基于时空异质性的分析》，载于《产业经济研究》2018 年第 6 期。

［66］李政、杨思莹：《财政分权、政府创新偏好与区域创新效率》，载于《管理世界》2018 年第 12 期。

［67］李政、杨思莹：《创新活动中的政府支持悖论：理论分析与实证检验》，载于《经济科学》2018 年第 2 期。

［68］李政、杨思莹：《官员激励和政府创新偏好对工业创新效率的影响》，载于《北京师范大学学报（社会科学版）》2019 年第 1 期。

［69］李子婳、姚洁：《税收支持科技创新：理论依据和政策完善》，载于《税务研究》2018 年第 9 期。

［70］梁强：《FDI、财政分权与区域技术创新》，载于《华东经济管理》2019 年第 5 期。

［71］廖直东、姚凤民：《科技"双向"分权的创新效应研究》，载于《广东财经大学学报》2019 年第 3 期。

［72］林春：《财政分权与中国经济增长质量关系——基于全要素生产率视角》，载于《财政研究》2017 年第 2 期。

［73］林海波、毛程连：《分权抑或集权——地方政府科技财政投入效果的比较》，载于《贵州财经大学学报》2015 年第 4 期。

［74］林毅夫、刘志强：《中国的财政分权与经济增长》，载于《北京大学学报（哲学社会科学版）》2000 年第 4 期。

［75］林毅夫：《新结构经济学的理论基础和发展方向》，载于《经济评论》2017 年第 3 期。

［76］刘丙泉、田晨、马占新：《财政分权对区域技术创新效率的影响研究》，载于《软科学》2018 年第 7 期。

［77］刘冲、乔坤元、周黎安：《行政分权与财政分权的不同效应：来自中国县域的经验证据》，载于《世界经济》2014 年第 10 期。

［78］刘佳、吴建南：《财政分权、转移支付与土地财政：基于中

国地市级面板数据的实证研究》，载于《经济社会体制比较》2015 年第 3 期。

[79] 刘尚希、樊轶侠：《论高质量发展与税收制度的适应性改革》，载于《税务研究》2019 年第 5 期。

[80] 刘志彪：《在新一轮高水平对外开放中实施创新驱动战略》，载于《南京大学学报（哲学·人文科学·社会科学）》2015 年第 2 期。

[81] 刘卓珺、于长革：《中国财政分权演进轨迹及其创新路径》，载于《改革》2010 年第 6 期。

[82] 柳斌杰、王天义：《学习十九大报告：经济 50 词》，人民出版社 2018 年版。

[83] 娄成武、王玉波：《中国土地财政中的地方政府行为与负效应研究》，载于《中国软科学》2013 年第 6 期。

[84] 卢洪友、袁光平、陈思霞等：《土地财政根源："竞争冲动"还是"无奈之举"？——来自中国地市的经验证据》，载于《经济社会体制比较》2011 年第 1 期。

[85] 鲁元平、张克中、欧阳洁：《土地财政阻碍了区域技术创新吗？——基于 267 个地级市面板数据的实证检验》，载于《金融研究》2018 年第 5 期。

[86] 路京京、杨思莹、马超：《财政分权、金融分权与科技创新》，载于《南方经济》2021 年第 6 期。

[87] 吕冰洋：《官员行为与财政行为》，载于《财政研究》2018 年第 11 期。

[88] 吕冰洋、马光荣、毛捷：《分税与税率：从政府到企业》，载于《经济研究》2016 年第 7 期。

[89] 吕岩威、李平：《科技体制改革与创新驱动波及：1998 - 2013》，载于《改革》2016 年第 1 期。

[90] 罗长林：《合作、竞争与推诿——中央、省级和地方间财政事权配置研究》，载于《经济研究》2018 年第 11 期。

[91] 罗贵明：《转移支付下地方政府科技投入空间效应研究——

基于 1997－2014 年省级面板数据的实证分析》，载于《科技进步与对策》2017 年第 15 期。

［92］马嘉楠、翟海燕、董静：《财政科技补贴及其类别对企业研发投入影响的实证研究》，载于《财政研究》2018 年第 2 期。

［93］马嘉楠、周振华：《地方政府财政科技补贴、企业创新投入与区域创新活力》，载于《上海经济研究》2018 年第 2 期。

［94］马静、杨明晶：《财政支持科技创新问题研究——以山东省为例》，载于《山西财经大学学报》2016 年第 5 期。

［95］马述忠、许光建：《政府扶植、产业规模与区域科技创新——以浙江省为例》，载于《经济学动态》2016 年第 2 期。

［96］马万里：《从权力本位向权利本位转变——中国财政分权改革的下一步》，载于《现代经济探讨》2015 年第 10 期。

［97］马万里：《政府间事权与支出责任划分：逻辑进路、体制保障与法治匹配》，载于《当代财经》2018 年第 2 期。

［98］马万里：《中国式财政分权经济增长导向型特征分析——兼论经济持续增长与社会和谐发展的体制约束》，载于《社会科学》2014 年第 9 期。

［99］马万里：《中国式财政分权：一个扩展的分析框架》，载于《当代财经》2015 年第 3 期。

［100］马文聪、李小转、廖建聪等：《不同政府科技资助方式对企业研发投入的影响》，载于《科学学研究》2017 年第 5 期。

［101］马学：《财政支持科技自主创新：动因、机理与途径》，载于《河北学刊》2007 年第 6 期。

［102］［美］埃德加·M·胡佛：《区域经济学导论》，王翼龙译，商务印书馆 1990 年版。

［103］［美］保罗·萨缪尔森，威廉·诺德豪斯：《经济学第 16 版》，萧深等译，华夏出版社 1999 年版。

［104］［美］丹尼斯·缪勒：《公共选择理论》，杨春雪等译，中国社会科学出版社 1999 年版。

[105] 潘雄锋、张静、闫窈博：《财政金融支持对我国科技创新影响的空间计量研究》，载于《运筹与管理》2017年第7期。

[106] 潘修中：《财政分权、财政透明度与地方财政科技投入》，载于《科学管理研究》2017年第1期。

[107] 潘镇、金中坤、徐伟：财政分权背景下地方政府科技支出行为研究，载于《上海经济研究》2013年第1期。

[108] 逢雯婷、王振宇、陈奕诺：《政府引导基金、地方财政差异和区域创新水平的作用机制研究》，载于《地方财政研究》2021年第8期。

[109] 彭薇：《财政分权体制下的中国省级地方政府税收竞争——基于省际面板数据的研究》，载于《上海经济研究》2016年第3期。

[110] 彭羽：《支持科技创新的税收政策研究》，载于《科学管理研究》2016年第5期。

[111] 平新乔、白洁：《中国财政分权与地方公共品的供给》，载于《财贸经济》2006年第2期。

[112] 齐红倩、席旭文、蔡志刚：《中国城镇化进程中土地财政与腐败生成机制的实证研究》，载于《西安交通大学学报（社会科学版)》2017年第1期。

[113] 齐晓丽、郭沛珍、解威：《政府支持对区域创新绩效的影响：综述及展望》，载于《华东经济管理》2020年第3期。

[114] [日] 水佑次郎、神门善久：《发展经济学：从贫困到富裕》(第三版)，李周译，社会科学文献出版社2009年版。

[115] 上官莉娜：《合理分权：内涵、地位及路径选择——以中央与地方关系为视角》，载于《中南民族大学学报（人文社会科学版)》2014年第1期。

[116] 沈坤荣、付文林：《中国的财政分权制度与地区经济增长》，载于《管理世界》2005年第1期。

[117] 史晓辉、潘雄、锋徐晶：《财政金融对我国科技创新支持的总体效应与空间差异研究》，载于《中国矿业大学学报（社会科学版)》2017年第4期。

［118］宋雪、李灵光：《服务业能成为区域创新能力提升的新动能吗?》，载于《经济问题探索》2018 年第 12 期。

［119］苏屹、林周周：《区域创新活动的空间效应及影响因素研究》，载于《数量经济技术经济研究》2017 年第 11 期。

［120］孙久文、叶裕民：《区域经济学教程（第 2 版)》，中国人民大学出版社 2010 年版。

［121］孙开、沈安媛：《财政分权、空间效应与学历教育发展——基于 SDM 模型的经验研究》，载于《财政研究》2019 年第 4 期。

［122］孙玮瑛：《支持科技创新中心建设的财政政策研究——以江苏实践为例》，载于《世界经济与政治论坛》2018 年第 2 期。

［123］孙秀林、周飞舟：《土地财政与分税制：一个实证解释》，载于《中国社会科学》2013 年第 4 期。

［124］孙志红、吴悦：《财政投入、银行信贷与科技创新效率——基于空间 GWR 模型的实证分析》，载于《华东经济管理》2017 年第 4 期。

［125］台航、张凯强、孙瑞：《财政分权与企业创新激励》，载于《经济科学》2018 年第 1 期。

［126］汤旖璆、施洁：《财政分权、地方政府赶超行为与环境治理效率——基于 87 个城市数据的门槛效应及传导机制分析》，载于《贵州财经大学学报》2019 年第 5 期。

［127］汤玉刚、陈强：《分权、土地财政与城市基础设施》，载于《经济社会体制比较》2012 年第 6 期。

［128］唐飞鹏：《地方税收竞争、企业利润与门槛效应》，载于《中国工业经济》2017 年第 7 期。

［129］唐云锋、马春华：《财政压力、土地财政与"房价棘轮效应"》，载于《财贸经济》2017 第 11 期。

［130］陶虎、田金方、郝书辰：《科技财政、创新活动与国有企业自主创新效率——基于治理制度视角的比较分析》，载于《经济管理》2013 年第 11 期。

［131］田传浩、李明坤、郦水清：《土地财政与地方公共物品

供给——基于城市层面的经验》，载于《公共管理学报》2014 年第 4 期。

［132］田红宇、祝志勇、刘魏：《政府主导、地方政府竞争与科技创新效率》，载于《软科学》2019 年第 2 期。

［133］田时中、余本洋、陆雅洁：《财政投入、地方政府竞争与区域科技创新》，载于《统计与决策》2020 年第 3 期。

［134］王保林、张铭慎：《地区市场化、产学研合作与企业创新绩效》，载于《科学学研究》2015 年第 5 期。

［135］王波、张念明：《创新驱动导向下财政政策促进科技创新的路径探索》，载于《云南社会科学》2018 年第 1 期。

［136］王春元：《地方政府行为、政府 R&D 投资与创新》，载于《财经论丛》2016 年第 6 期。

［137］王宏伟、李平：《深化科技体制改革与创新驱动发展》，载于《求是学刊》2015 年第 5 期。

［138］王桦宇：《论现代财政制度的法治逻辑——以面向社会公平的分配正义为中心》，载于《法学论坛》2014 年第 3 期。

［139］王丽：《区域协同的财政路径选择——从财政竞争走向财政合作》，载于《学术论坛》2018 年第 3 期。

［140］王群勇：《STATA 在统计与计量分析中的应用》，南开大学出版社 2007 年版。

［141］王曙光、章力丹：《新时代地方税体系的科学内涵与构建》，载于《税务研究》2019 年第 1 期。

［142］王雄飞、李香菊、杨欢：《中国经济高质量发展下财政模式创新与政策选择》，载于《当代财经》2018 年第 11 期。

［143］王永军：《分权困境与制度因应：中国式财政分权反思与重构——兼论财力与事权相匹配财力之维的逻辑困境与多维联动》，载于《经济体制改革》2013 年第 6 期。

［144］王宇：《财税改革过程中地方主体税种的选择》，载于《税务研究》2015 年第 4 期。

［145］王郁蓉、宋莹：《西部省域创新产出的空间差异及其演化特征》，载于《西北大学学报（哲学社会科学版）》2017年第3期。

［146］温军、冯根福：《异质机构、企业性质与自主创新》，载于《经济研究》2012年第3期。

［147］温忠麟、叶宝娟：《中介效应分析：方法和模型发展》，载于《心理科学进展》2014年第5期。

［148］吴非、杜金岷、李华民：《财政科技投入、地方政府行为与区域创新异质性》，载于《财政研究》2017年第11期。

［149］吴非、杨贤宏、龙晓旋等：《地方税收真的会抑制区域创新吗？——基于政府行为视角下的非线性门槛效应研究》，载于《经济评论》2018年第4期。

［150］吴建南：《土地财政对区域创新的影响研究——来自中国省际面板数据的证据》，载于《科研管理》2018年第5期。

［151］吴群、李永乐：《财政分权、地方政府竞争与土地财政》，载于《财贸经济》2010年第7期。

［152］吴延兵：《财政分权促进技术创新吗？》，载于《当代经济科学》2019年第3期。

［153］吴延兵：《中国式分权下的偏向性投资》，载于《经济研究》2017年第6期。

［154］吴芸：《政府科技投入对科技创新的影响研究——基于40个国家1982－2010年面板数据的实证检验》，载于《科学学与科学技术管理》2014年第1期。

［155］吴知音、倪乃顺：《我国财政科技支出研究》，载于《财经问题研究》2012年第5期。

［156］武康平、闫勇：《土地财政：一种"无奈"选择更是一种"冲动"行为——基于地级城市面板数据分析》，载于《财政研究》2012年第10期。

［157］习近平：《决胜全面建成小康社会夺取新时代中国特色社会主义伟大胜利——在中国共产党第十九次全国代表大会上的报告》，人

民出版社 2017 年版。

[158] 席建成、韩雍:《中国式分权与产业政策实施效果:理论及经验证据》,载于《财经研究》2019 年第 10 期。

[159] 项怀诚:《中国财政体制改革六十年》,载于《中国财政》2009 年第 19 期。

[160] 谢乔昕:《财政分权、流动性与地区税负》,载于《税务与经济》2014 年第 5 期。

[161] 辛冲冲、陈志勇:《财政分权、政府竞争与地方政府科技支出——基于中国省级面板数据的再检验》,载于《山西财经大学学报》2018 年第 6 期。

[162] 宣烨、冯涛、孔凯歌:《创新价值链视角下的财政分权与创新效率——基于三阶段 DEA 与 Tobit 模型分析》,载于《南京财经大学学报》2017 年第 1 期。

[163] 薛宏刚、王浩、管艺洁:《政府引导基金能否促进区域创新能力的提高?》,载于《兰州大学学报(社会科学版)》2021 年第 4 期。

[164] 薛婧、张梅青、王静宇:《中国式财政分权与区域创新能力——基于 R&D 边际创新产出及要素市场扭曲的解释框架》,载于《经济问题探索》2018 第 11 期。

[165] 阎波、武龙、韩东伶等:《土地财政对区域创新的影响研究——来自中国省际面板数据的证据》,载于《科研管理》2018 年第 5 期。

[166] 杨灿明:《减税降费:成效、问题与路径选择》,载于《财贸经济》2017 年第 9 期。

[167] 杨灿明、詹新宇:《中国宏观税负政策偏向的经济波动效应》,载于《中国社会科学》2016 年第 4 期。

[168] 杨海涛:《土地财政:成因·危害·纾解》,载于《当代经济研究》2014 年第 12 期。

[169] 杨剩富、胡守庚、叶菁:《中部地区新型城镇化发展协调度时空变化及形成机制》,载于《经济地理》2014 年第 11 期。

［170］杨志安、郭矜：《完善地方税体系　培育地方性主体税种》，载于《税务研究》2014 年第 4 期。

［171］杨志安、邱国庆：《财政分权与中国经济高质量发展关系——基于地区发展与民生指数视角》，载于《财政研究》2019 年第 8 期。

［172］杨志安、邱国庆：《结构性减税对产业结构优化的影响研究——基于中国省级面板数据的实证分析》，载于《软科学》2019 年第 4 期。

［173］杨志安、邱国庆：《区域创新激励——来自财政分权的解释》，载于《软科学》2021 年第 8 期。

［174］杨志安、邱国庆：《区域环境协同治理中财政合作逻辑机理、制约因素及实现路径》，载于《财经论丛》2016 年第 6 期。

［175］杨志安、邱国庆：《税制结构变迁对地方政府预算软约束的影响》，载于《税务研究》2019 年第 2 期。

［176］杨志安、邱国庆：《政府预算利益相关者分类界定、行为选择及约束路径》，载于《财经论丛》2018 年第 11 期。

［177］杨志安、邱国庆：《中国式财政分权、财政能力与创新驱动发展》，载于《经济体制改革》2018 年第 5 期。

［178］杨志安、邱国庆：《中国式财政分权、财政透明度与预算软约束》，载于《当代经济科学》2019 年第 1 期。

［179］杨志安、邱国庆：《中国式财政分权与科技创新驱动发展：线性抑或倒"U"》，载于《华东经济管理》2019 年第 1 期。

［180］叶祥松、刘敬：《异质性研发、政府支持与中国科技创新困境》，载于《经济研究》2018 年第 9 期。

［181］叶祥松、刘敬：《政府支持、技术市场发展与科技创新效率》，载于《经济学动态》2018 年第 7 期。

［182］叶子荣、贾宪洲：《科技财政与自主创新：基于中国省级 DPD 模型的实证研究》，载于《管理评论》2011 年第 2 期。

［183］［英］A. C. 庇古：《福利经济学》，朱泱等译，商务印书馆 2006 年版。

［184］于井远、王春元：《纵向财政失衡、政府创新偏好与区域创新》，载于《安徽师范大学学报（人文社会科学版）》，2021 年第 1 期。

［185］余显财、朱美聪：《财政分权与地方医疗供给水平——基于 1997－2011 年省级面板数据的分析》，载于《财经研究》2015 年第 9 期。

［186］余泳泽：《创新要素集聚、政府支持与科技创新效率——基于省域数据的空间面板计量分析》，载于《经济评论》2011 年第 2 期。

［187］余泳泽、张少辉、杨晓章：《税收负担与"大众创业、万众创新"——来自跨国的经验证据》，载于《经济管理》2017 年第 6 期。

［188］张充：《土地财政促进了区域创新吗？——基于地级市面板数据的实证检验》，载于《云南财经大学学报》2019 年第 5 期。

［189］张海洋、史晋川：《中国省际工业新产品技术效率研究》，载于《经济研究》2011 年第 1 期。

［190］张建波、马万里：《地方政府行为变异：一个制度软约束的分析框架》，载于《理论学刊》2018 年第 6 期。

［191］张军、周黎安：《为增长而竞争：中国增长的政治经济学》，格致出版社、上海人民出版社 2007 年版。

［192］张可：《经济集聚与区域创新的交互影响及空间溢出》，载于《金融研究》2019 年第 5 期。

［193］张宽、黄凌云：《政府创新偏好与区域创新能力：如愿以偿还是事与愿违？》，载于《财政研究》2020 年第 4 期。

［194］张梁梁、杨俊、罗鉴益：《财政分权视角下地方政府科技支出的标尺竞争——基于 265 个地级市的实证研究》，载于《当代财经》2016 年第 4 期。

［195］张娜、邓金钱：《地方政府行为选择与区域创新绩效：基于主导和竞争的双重视角》，载于《经济问题探索》2021 年第 4 期。

［196］张倩肖、冯雷、钱伟：《技术创新与产业升级协同关系：内在机理与实证检验》，载于《人文杂志》2019 年第 8 期。

［197］张希、罗能生、彭郁：《税收安排与区域创新——基于中国

省际面板数据的实证研究》，载于《经济地理》2014 年第 9 期。

[198] 张曾莲、严秋斯：《土地财政、预算软约束与地方政府债务规模》，载于《中国土地科学》2018 年第 5 期。

[199] 赵国钦、宁静：《京津冀协同发展的财政体制：一个框架设计》，载于《改革》2015 年第 8 期。

[200] 赵蜀蓉、陈绍刚、王少卓：《委托代理理论及其在行政管理中的应用研究述评》，载于《中国行政管理》2014 年第 12 期。

[201] 赵文哲：《财政分权与前沿技术进步、技术效率关系研究》，载于《管理世界》2008 年第 7 期。

[202] 《中共中央关于全面深化改革若干重大问题的决定》，人民出版社 2013 年版。

[203] 中共中央文献研究室：《习近平关于科技创新论述摘编》，中央文献出版社 2016 年版。

[204] 周彬、邬娟：《财政分权视角下的地方政府科技投入》，载于《中南财经政法大学学报》2015 年第 4 期。

[205] 周海涛、林映华：《政府支持企业科技创新市场主导型政策构建研究——基于"市场需求—能力供给—环境制度"结构框架》，载于《科学学与科学技术管理》2016 年第 5 期。

[206] 周克清、刘海二、吴碧英：《财政分权对地方科技投入的影响研究》，载于《财贸经济》2011 年第 11 期。

[207] 周黎安：《晋升博弈中政府官员的激励与合作：兼论我国地方保护主义和重复建设问题长期存在的原因》，载于《经济研究》2004 年第 6 期。

[208] 周亚虹、宗庆庆、陈曦明：《财政分权体制下地市级政府教育支出的标尺竞争》，载于《经济研究》2013 年第 11 期。

[209] 周业安、程栩、赵文哲等：《税收、税收竞争和地区创新——基于我国省级面板数据的经验研究》，载于《南大商学评论》2012 年第 10 期。

[210] 周业安、章泉：《财政分权、经济增长和波动》，载于《管

理世界》2008 年第 3 期。

［211］朱大玮、雷良海:《我国财政科技支出结构优化探讨——基于科技金融视角》,载于《科学管理研究》2012 年第 2 期。

［212］朱有为、徐康宁:《中国高技术产业研发效率的实证研究》,载于《中国工业经济》2006 年第 11 期。

［213］邹甘娜、符嘉琪:《财政支出的规模、结构与企业科技创新》,载于《江汉论坛》2018 年第 6 期。

［214］Acemoglu D, Akcigit U, Bloom N, and Kerr W R. Innovation, Reallocation and Growth. *Bnber Working Paper*, *American Economic Review*, Vol. 108 No. 11, November 2018, pp. 3450 – 3491.

［215］Acemoglu D and Johnson S. Unbunding Institutions. *Journal of Political Economy*, Vol. 113, No. 5, October 1995, pp. 949 – 995.

［216］Acemoglu D and Robinson J A. *Why Nations Fail, the Origins of Power, Prosperity, and Poverty.* New York: Crown Business, 2012.

［217］Ace Z J, Anselin L, and Varga A. Patents and Innovation Counts as Measures of Regional Production of New Knowledge. *Research Policy*, Vol. 31, No. 7, September 2002, pp. 1069 – 1085.

［218］Agnes B, Nicolas G, and Alain T. Tax and Public Input Competition. *Economic Policy*, Vol. 22, No. 50, April 2007, pp. 386 – 430.

［219］Akai N, and Sakata M. Fiscal Decentralization Contributes to Economic Growth: Evidence from State – Level Cross – Section Data for the United States. *Journal of Urban Economics*, Vol. 52, No. 1, July 2002, pp. 93 – 108.

［220］Arellano M, and Bond S. Some Tests of Specification for Panel Data: Monte Carlo Evidence and an Application to Employment Equations. *Review of Economic Studies*, Vol. 58, No. 2, April 1991, pp. 277 – 297.

［221］Arellano M, and Bover O. Another Look at the Instrumental Variable Estimation of Error – Components Models. *Journal of Econometrics*, Vol. 68, No. 1, July 1995, pp. 29 – 51.

［222］ Arrow K J. The Economic Implications of Learning by Doing. *The Review of Economic Studies*, Vol. 29, No. 3, June 1962, pp. 155 – 173.

［223］ Aschauer, D A. Does Public Capital Crowd Out Private Capital? *Journal of Monetary Economics*, Vol. 24, No. 2, September 1989, pp. 171 – 188.

［224］ Barman T R, and Gupta M R. Public Expenditure, Environment and Economic Growth. *Journal of Public Economic Theory*, Vol. 12, No. 6, December 2010, pp. 1109 – 1134.

［225］ Barro R J. Government Spending in a Simple Model of Endogenous Growth. *Journal of Political Economy*, Vol. 98, No. 5, October 1990, pp. 103 – 126.

［226］ Benassy – Quere A, Coupet M, and Mayer T. Institutional Determinants of Foreign Direct Investment. *World Economy*, Vol. 30, No. 5, May 2007, pp. 764 – 782.

［227］ Berkowitz D, and Li W. Tax Rights in Transition Economies: A Tragedy of the Commons. *Journal of Public Economics*, Vol. 76, No. 3, June 2000, pp. 369 – 397.

［228］ Besley T, and Smart M. Fiscal Restraints and Voter Welfare. *Journal of Public Economics*, Vol. 91, No. 3 – 4, April 2007, pp. 755 – 773.

［229］ Bettencourt L M, Lobo A J, and Strumsky D. Invention in the City: Increasing Returns to Patenting as a Scaling Function of Metropolitan Size. *Research Policy*, Vol. 36, No. 1, February 2007, pp. 107 – 120.

［230］ Borge L E, Brueckner J K, and Ratsso J. Partial Fiscal Decentralization and Demand Responsiveness of the Local Public Sector: Theory and Evidence from Norway. *Journal of Urban Economics*, Vol. 80, No. 3, March 2014, pp. 153 – 163.

［231］ Branstetter L G, and Sakakibara M. When Do Research Consortia Work Well and Why? Evidence from Japanese Panel Data. *American Economic Review*, Vol. 92, No. 1, March 2002, pp. 143 – 159.

[232] Brosio G M, and Ahmad E. *Local Service Provision in Selected OECD Countries: Do Decentralized Operations Work Better?* IMF Working Paper, No. 67, 2008.

[233] Buchanan J M. The Constitution of Economic Policy. *The American Economic Review*, Vol. 77, No. 3, June 1987, pp. 243 – 250.

[234] Claessens S, and Laeven L. Financial Development, Property Rights, and Growth. *Journal of Finance*, Vol. 58, No. 6, November 2003, pp. 2401 – 2436.

[235] Crawford. Decentralization and the Limits to Poverty Reduction Findings from Ghana. *Oxford Development Studies*, Vol. 36, No. 3, June 2006, pp. 235 – 258.

[236] Cropper M L, and Oates W E. Environmental Economics: a Survey. *Journal of Economic Literature*, Vol. 30, No. 2, January 2006, pp. 675 – 740.

[237] Czarnitzki D, and Hussinger K. *The Link Between R&D Subsidies, R&D Spending and Technological Performance.* ZEW – Centre for European Economic Research Discussion Paper, No. 04 – 56, 2004, pp. 4 – 56.

[238] Czarnitzki D. Research and Development in Small and Medium – Size Enterprises: the Role of Financial Constraints and Public Funding. *Scottish Journal of Political Economy*, Vol. 53, No. 3, July 2006, pp. 335 – 357.

[239] David P A, Hall B H, and Toole A A. Is Public R&D a Complement or Substitute for Private R&D? *A Review of the Econometric Evidence*, *Research Policy*, Vol. 29, No. 4 – 5, April 2000, pp. 497 – 529.

[240] Davoodi H, and Zou H. Fiscal Decentralization and Economic Growth: A Cross – Country Study. *Journal of Urban Economics*, Vol. 43, No. 2, March 1998, pp. 244 – 257.

[241] Feltenstein A, and Iwata S. Decentralization and Macroeconomic Performance in China: Regional Autonomy Has its Costs. *Journal of Development Economics*, Vol. 76, No. 2, April 2005, pp. 481 – 501.

[242] Fraguet J P. Does Decentralization Increase Government Responsiveness to Local Need? —Evidence from Bolivia. *Journal of Public Economics*, Vol. 88, No. 3 - 4, March 2004, pp. 867 - 893.

[243] Fraschini A. *Fiscal Federalism in Big Developing Countries*: *China and India*. Department of Public Policy and Public Choice - POLIS, Working paper, No. 66, 2006.

[244] Fredriksen K. *Decentralization and Economic Growth - Part Decentralization*, *Infrastructure Investment and Educational Performance*. OECD Working Paper on Fiscal Federalism, No. 16, 2013.

[245] Freeman C. The National System of Innovation in Historical Perspective. *Cambridge Journal of Economics*, Vol. 19, No. 1, February 1995, pp. 5 - 24.

[246] Frey T and Shleifer A. The Invisible Hand and the Grabbing Hand. *American Economic Review*, Vol. 87, No. 2, May 1997, pp. 354 - 358.

[247] Furman J L, Porter M, and Stern S. The Determinants of National Innovative Capacity. *Research Policy*, Vol. 31, No. 6, August 2002, pp. 899 - 933.

[248] Gonzalez D, Hanel P, and Rosa J M. Evaluating the Impact of R&D Tax Credits on Innovation: A Macro - Econometric Study on Canadian Firms. *Research Policy*, Vol. 40, No. 2, March 2011, pp. 217 - 229.

[249] Gonzalez X, and Pazo C. Do Public Subsidies Stimulate Private R&D Spending? *Research Policy*, Vol. 37, No. 3, April 2008, pp. 371 - 389.

[250] Granado F J, Martinez - Vazquez J, and Mcnab R. *Fiscal Decentralization and the Functional Composition of Public Expenditures*. International Center for Public Policy Working Paper, Vol. 35, No. 2, February 2005, pp. 55 - 62.

[251] Griliches Z. *R&D and Productivity*: *the Econometric Evidence*. Chicago: University of Chicago Press, 1998.

[252] Grossman S J, and Hart O D. An Analysis of the Principal – Agent Problem. *Econometrica*, *Econometric Society*, Vol. 51, No. 1, January 1983, pp. 7 – 45.

[253] Hall B H, and Maffioli A. Evaluating the Impact of Technology Development Funds in Emerging Economies: Evidence from Latin America. *The European Journal of Development Research*, Vol. 20, No. 2, June 2008, pp. 172 – 198.

[254] Hall B H, and Van Reenen J. How Effective are Fiscal Incentives for R&D? A Review of the Evidence. *Research Policy*, Vol. 29, No. 4 – 5, April 2000, pp. 449 – 469.

[255] Hansen B E. Threshold Effects in Non – Dynamic Panels: Estimation, Testing, and Inference. *Journal of Econometrics*, Vol. 93, No. 2, December 1999, pp. 345 – 368.

[256] Hayek F A. Time – Preference and Productivity: A reconsideration. *Economica*, Vol. 45, No. 12, February 1945, pp. 22 – 25.

[257] Heine K. Inter Jurisdictional Competition and the Allocation of Constitutional Rights: A research note. *International Review of Law and Economics*, Vol. 26, No. 1, March 2006, pp. 33 – 41.

[258] Herbig P, Golden J E, and Dunphy S. The Relationship of Structure to Entrepreneurial and Innovative Success. *Marketing Intelligence & Planning*, Vol. 12, No. 9, October 1989, pp. 37 – 48.

[259] Holmstrom B. Agency Costs and Innovation. *Journal of Economic Behavior and Organization*, Vol. 12, No. 3, December 1989, pp. 305 – 327.

[260] Holmstrom B and Milgrom P. Multitask Principal – Agent Analyses: Incentive Contracts, Asset Ownership, and Job Design. *Journal of Law, Economics and Organization*, Vol. 7, No. S1, January 1991, pp. 24 – 52.

[261] Jia J, Guo Q, and Zhang J. Fiscal Decentralization and Local Expenditure Policy in China. *China Economic Review*, Vol. 28, No. 2, March 2014, pp. 107 – 122.

[262] Kappeler A, and Valila T. Fiscal Federalism and the Composition of Public Investment in Europe. *European Journal of Political Economy*, Vol. 24, No. 3, September 2008, pp. 562 – 570.

[263] Keen M, and Marchand M. Fiscal Competition and Pattern of Public Spending. J*ournal of Public Economics*, Vol. 66, No. 1, October 1997, pp. 33 – 53.

[264] Krueger A. The Political Economy of the Rent – Seeking Society. *American Economic Review*, Vol. 64, No. 3, June 1974, pp. 291 – 303.

[265] Kumar S, and Managi S. Compensation for Environmental Services and Intergovernmental Fiscal Transfers: the Case of India. *Ecological Economics*, Vol. 68, No. 12, October 2009, pp. 3052 – 3059.

[266] Lee C Y. The Differential Effects of Public R&D Support on Firm R&D: Theory and Evidence from Multi – Country Data. *Technovation*, Vol. 31, No. 5 – 6, May – June 2011, pp. 256 – 269.

[267] Li X. China's Regional Innovation Capacity in Transition: an Empirical Approach. *Research Policy*, Vol. 38, No. 2, March 2009, PP. 338 – 357.

[268] Marshall A. *Principles of Economics*. London: Macmillan Press, 1890.

[269] Martin S, and Scott J T. The Nature of Innovation Market Failure and the Design of Public Support for Private Innovation. *Research Policy*, Vol. 29, No. 4 – 5, April 2000, pp. 437 – 447.

[270] Minassian T T. Fiscal Federalism in Theory and Practice (IMF). *Journal of Nutrition*, Vol. 130, No. 2, September 1976, pp. 305 – 309.

[271] Mirrless J A. The optimal structure of authority incentives within an organization. *The Bell Journal of Economics*, Vol. 7, No. 1, February 1976, pp. 105 – 131.

[272] Musgrave R A. *The Theory of Public Finance: A Study in Public Economy*. New York: McGraw – Hill, 1959.

[273] Nelson R R, and Phelps E S. Investment in Humans, Technological Diffusion, and Economic Growth. *The American Economic Review*, Vol. 56, No. 4, July 1965, pp. 67 – 75.

[274] Nelson R R. The Economics of Invention: A Survey of the Literature. *The Journal of Business*, Vol. 32, No. 1, January 1959, pp. 101 – 127.

[275] Oates W E. *Fiscal Federalism*. New York: Harcout Brace Jovanovich, 1972.

[276] Pellegrino G, Piva M, and Vivarelli M. Young Firms and Innovation: A Microeconometric Analysis. *Structural Change and Economic Dynamics*, Vol. 23, No. 4, December 2012, pp. 329 – 340.

[277] Pike A, Rodriguez-pose A, and Tomaney J. Local and Regional Development. *Economic Geography*, Vol. 84, No. 2, October 2008, pp. 241 – 242.

[278] Qian Y and Ronald. Federalism and the Soft Budget Constraint. *American Economic Review*, Vol. 88, No. 5, December 1998, pp. 1143 – 1162.

[279] Qian Y, and Weingast B R. Federalism as a Commitment to Persevering Market Incentives. *Journal of Economic Perspectives*, Vol. 11, No. 4, February 1997, pp. 83 – 92.

[280] Revelli F. On Spatial Public Finance Empirics. *International Tax and Public Finance*, Vol. 12, No. 4, August 2005: pp. 475 – 492.

[281] Romer P M. Endogenous Technological Change. *Journal of Political Economy*, Vol. 98, No. 5, October 1990, pp. 71 – 102.

[282] Ronald I M. *Market-preserving Fiscal Federalism in the American Monetary Union*. London: Routledge, 1997.

[283] Ross S A. The Economic Eheory of Agency: the Principal's Problem. *The American Review*, Vol. 63, No. 2, February 1973, pp. 134 – 139.

[284] Shleife A, and Vishny R W. Corruption. *The Quarterly Journal of Economics*, Vol. 108, No. 3, August 1993, pp. 599 – 617.

[285] Shleifer A and Vishny R. *The Grabbing Hand*: *Government Patholo*. Brighton: Harvard University Press, 1997.

[286] Shleifer A. *Inefficient Markets*: *an Introduction to Behavioral Finance*. Oxford: Oxford University Press, 2000.

[287] Smith A. *An Inquiry into the Nature and Causes of the Wealth of Nations*. London: Methuen, 1776.

[288] Spence M R, and Zeckhauser. Insurance, Information and Individual Action, *American Economic Review*, Vol. 61, No. 2, May 1971, pp. 380 – 387.

[289] Stigler G. *The Tenable Range of Functions of Local Government*. Washington: Government Printing Office, 1957.

[290] Stiglitz J E. *Globalization and its Discontents*. New York: Norton & Company, 1968.

[291] Stiglitz, Joseph E, and Jay K. *Rosengard. Economics of the Public Sector*, 4*th Edition*. New York: Norton & Company, 2015.

[292] Szczygielski K, Grabowski W, Pamukcu M T, and Tandogan V S. Does Government Support for Private Innovation Matter? Firm – Level Evidence from Two Catching-up Countries. *Research Policy*, Vol. 46, No. 1, February 2017, pp. 219 – 237.

[293] Tiebout C M. A Pure Theory of Local Expenditures. *Journal of Political Economy*, VOL. 64, No. 5, October 1956, pp. 416 – 424.

[294] Walder A. Local Governments as Industrial Firms: An Organizational Analysis of China's Transitional Economy. *American Journal of Sociology*, Vol. 101, No. 2, September 1995, pp. 263 – 301.

[295] Waller C J, Verdier T, and Gardener R. Corruption: top down or bottom up? *Economic Inquiry*, Vol. 40, No. 4, October 2002, pp. 688 – 703.

[296] Wallsten S J. The Effects of Government – Industry R&D Programs on Private R&D: the Case of the Small Business Innovation Research

Program Rand. *Journal of Economics*, Vol. 31, No. 1, February 2000, pp. 82 – 100.

[297] Wang E and Huang W C. Relative Efficiency of R&D Activities: A Cross – Country Study Accounting for Environmental Factors in the DEA Approach. *Research Policy*, Vol. 36, No. 2, March 2007, pp. 260 – 273.

[298] Weingast B R. The Economic Role of Political Institutions: Market – Preserving Federalism and Economic Development. *Journal of Law Economics & Organization*, Vol. 11, No. 1, April 1995, pp. 1 – 31.

[299] Wiesenthal T, Leduc G, Haegeman K, and Schwarz H G. Bottom-up Estimation of Industrial and Public R&D Investment by Technology in Support of Policy – Making: the Case of Selected Low – Carbon Energy Technologies. *Research Policy*, Vol. 41, No. 1, February 2012, pp. 116 – 131.

[300] Wincksell K. *Finanztheoretische Untersuchungen nebst Darstellung and Kritik des Steuerwesens Schwedens*. Jena: Gustav Fischer, 1896.

[301] Zhang T, and Zou H F. Fiscal Decentralization, Public Spending, and Economic Growth in China. *Journal of Public Economics*, Vol. 67, No. 2, February 1998, pp. 221 – 240.

[302] Zhuravskaya Ekaterina V. Incentives to Provide Local Public Goods: Fiscal Federalism, Russian Style. *Journal of Public Economics*, Vol. 76, No. 3, June 2000, pp. 337 – 368.

后　记

关于《中国财政分权的区域创新激励效应研究》这部著作，是在本人博士学位论文的基础上完成的，以中国式财政分权的视角，探讨区域创新激励效应，就财政分权对区域创新激励效应展开了系统的实证分析，更是长期以来关注中国式财政分权激励效果实证研究的系列成果之一。

近年来，科技创新成为中国经济高质量快速发展的根本动力，区域创新建设离不开政府支持，区域创新激励效应广受社会各界关注。财政是国家治理的基础和重要支柱，在科技创新治理过程中也应发挥基础性和保障性作用。财政分权改革是中国经济体制改革的重要突破口，是中国经济高质量发展战略中重要的驱动力之一。将中国财政分权的研究从经济增长扩展到其他与经济增长密切相关的区域技术创新领域，这在中国经济"新常态"背景下具有十分重要的理论价值和应用价值。一方面，基于中国经济与创新驱动发展的现实背景，研究社会主义市场经济体制下的区域创新发展与财政分权体制，总结具有中国特色的政府运用财税政策支持区域创新发展的经验，提炼和总结具有中国特色的创新发展模式和创新型国家建设道路，丰富和发展创新理论具有重要的理论意义。与此同时，本书研究创新活动中的财政分权激励，能够有效弥补当前区域创新系统理论研究的不足。明晰财政分权在区域创新活动中的作用，厘清创新活动中的财政激励方式，对于完善创新理论、澄清当前学术界关于创新活动中"有为政府"和"无为政府"的争论具有重要的理论价值。

另一方面，本书不仅考察了政府参与区域创新活动效果的有效性问题，而且考察了不同财政激励方式对区域创新活动的影响效果，有利于重塑地方政府参与科技创新活动行为，以构建更有效的提升政府参与区域创新水平的策略体系，提高政府运用财税政策参与区域创新活动效果具有一定的实践参考价值。与此同时，本书关注我国政府重大创新政策落实举措，探索提高政府高效落实创新政策的方案与路径。因此，本书研究结论在一定程度上为我国创新驱动发展战略实施过程中合理发挥财政职能，推动创新驱动发展战略的稳步实施提供实践指南，对我国创新型国家建设战略目标的实现具有一定的实践参考价值。

这部著作凝结着二十余载的寒窗苦读及数载的勤勉研究，凝望着即将完成的著作，离不开我的恩师杨志安教授的辛勤指导，博士学位论文答辩委员会主席南开大学倪志良教授、答辩委员会委员东北财经大学孙开教授、辽宁大学王振宇研究员、王青教授、张虹教授等，他（她）对书稿完善提供了很有价值的意见和建议。与此同时，还要感谢辽宁大学应用经济学一流学科建设办公室的鼎力支持。限于笔者的理论水平和实践经验，书中难免有疏漏和不足之处，恳请广大读者不吝指教。

邱国庆

辽宁大学经济学院

2022 年 1 月